當我不再像自己時，我終於活出自己

提提研面膜創辦人李昆霖的創意精神與中年成長之旅

李昆霖．著

A wonderful recollection of stories from John's amazing life journey, navigating and transcending between Taiwan and Paris, success and mishaps, risks and rewards, highs and lows, kinship and entrepreneurship, passion and ambition, nature and nurture, kindness and mindfulness, the inner-self and the world outside. An insightful reflection of how these has shaped him and what we can learn from his personal growth and valuable wisdoms gained.

——Jackson Tan（Singapore President's Design Award Winner）

看完獲益匪淺的書很多，這本還沒看完就會想跟作者當朋友。

——九把刀（暢銷作家）

John 寫的是他的生命歷程，背後想傳達的卻是，每個人都擁有不管經過再多失敗，都可以重新站起來的堅強力量，只要你不放棄。

——王一芝（《天下雜誌》副總主筆）

創業就是不斷打碎自己又再黏回去的過程，但把自己拼湊回來難免會留下傷痕，John 無疑是我修復這些傷痕的啟蒙老師。相信這本書也能帶給讀者治癒傷痕的力量！

——何雪帆（愛康涼感衛生棉創辦人）

這是一本誠實的書。書裡有昆霖一路走來誠實的自我照見。對任何一位希望在人生中實踐幸福的事業、家庭與親子關係的人，這是一本不能錯過的好書。

——邱孟漢 & 楊于葶（TEDxTaipei 策展人）

走過高潮和低谷，打掉重練後的李昆霖 3.0，用他的文字，陪你我一起踏上中年之旅。

——柴女阿美 aka 紐約小阿姨

自由又力顯謙卑的靈魂。

——張敏敏（「OGSM 協會」理事長）

閱讀這本書讓人看見成功企業家背後的挫折與努力，然而真正能夠安頓內心的不是外在的功成名就，而是與內在的連結。能夠撣去塵事的紛擾，才能呈現我們內在的本我與自性。我們是幸運一族，都接觸了薩提爾，時時刻刻回到當下，內觀、靜心，提升了內在能量與定靜。真正的幸福不是外在的成功，而是內在的富足。

——畢柳鶯（醫師，《斷食善終》作者）

這不只是一本講創業心法、面對挑戰的書，這是一本有關品牌，有關人生哲學，有關如何成為更好版本的自己的好書，你如果在人生當中迷路了，翻翻它，能夠幫助你活出自己。

——龔建嘉（鮮乳坊創辦人）

放下對成功的執著，勇於探索生命又令人啟發的一本書。

——丁菱娟（影響力品牌學院創辦人）

作者把自己活成一道光，熠熠閃亮的身影成為自己與他人生命的路引。

——宋怡慧（丹鳳高中圖書館主任，暢銷作家）

昆霖兄創業的故事近年經常見諸媒體。以法國人專擅的產品反攻法國，光這點已屬傳奇，魔鬼在細節裡。

昆霖兄近二十年前就曾出過書。

以書窺人，他愛冒險，懂盤點，善觀察強者並內化之。

人不免有失敗經驗。

有些人會以「不必談失敗」的態度面對失敗。然後，漸漸站不起來。

有些人會以「不避談失敗」的態度面對失敗。雖然，他可能還是會遭逢失敗，但是他愈來愈不害怕失敗，他愈來愈懂分析何以失敗並迅速站起來，在他想要的領域，迅速插旗。

——楊斯棓（《要有一個人》一書作者）

目次
contents

輯二　中年轉化之旅

內觀對我的幫助

親子關係的成長

事業上擁有國際觀

輯三　我的原生家庭vs.成為更好版本的自己

推薦序

世界上我最愛的神經病

／葉琄伶（佐見啦策略顧問）

寫在一本關於內觀、中年之旅的書序裡，用這樣的標題，顯得有點不太恰當。但這幾年累積下來，我看過瘋狂行事的昆霖、總在追趕時間與目標的昆霖、經歷事業裡人性魔考的昆霖、突然間臉上法喜充滿的昆霖……奇妙的是，看似截然不同的狀態，他在我心裡的位置卻沒有改變過：他，是世界上我最愛的神經病。

我很清楚，我是帶著愛說出這樣的話。李昆霖，真的是一個很神奇的人。他常常會說出讓你翻白眼的話，也常常會做出讓你忍不住尊敬的事。

他有一種不簡單的單純，或者說很單純的複雜。

當你以為他進入自我探索，想法變得多深不可測時，他的五大熱情裡，依然有「養變色龍」這麼樸實無華的心願；他依然會為了跟我拚覺知力，在三十八度的高雄，圍上一條羽絨圍巾（他認為有覺知力的人，對低溫會很敏感）。他有時是深思熟慮的大人，更多時候是單純不過的孩子（就是一個標準的 funny boy）。

如果只能用兩個詞來形容他，我想我會用的是「真誠」、「赤裸」。

數學專長的他，很會計算，但不太會算計；比起懷疑，他的字典裡有更多的好奇；比起「有機會再試試看」，他更傾向「我現在就來試」。我常常覺得昆霖是一個純淨（我知道看外表很難連結）的載體，當他好奇一件事情時，他會用時間和身體 101%（他就是喜歡做得比別人極致）地投入，他的太太小啦常會說他又走火入魔了，但我常忍不住尊敬他這種行動力，又或者說，背後的那股「無條件相信」。

昆霖非常、非常、非常愛分享，分享他看的書、分享夫妻情趣（不管你想不想聽）、分享他花好幾年才學到的商業機密，有時他赤裸到讓人匪夷所思。這本書的誕生，我看見他再一次赤裸地梳理了自己，我常感覺看他的文字會有一種「淘金」的意象，直白的文字像一層層的砂，但你總會在不經意時，淘到一個光燦燦的金。

很高興昆霖在中年旅程的起點，有這麼好的開始；更高興的是，內觀的經歷沒有把那個有趣的神經病完全帶走，當你開始想念那個不正經的他時，一眼瞬間，他就回來了。

這樣的他，真好；
能體驗不同版本的自己，真好。

推薦序

每個人都有一次中年之旅的機會

／陳美智（印茵SPA館長）

我的榮格老師曾說：「每個人都有一次中年之旅的機會。當你可以走過這段旅程，將會擁有自在平靜的老年生活！」

中年之旅是心理學家卡爾．榮格他在一九一三年經歷與恩師佛洛伊德的理念分歧後，決定要解開心中的疑惑。他從三十七歲到四十四歲的時間裡，最後發展了屬於「榮格」的心理學。從那時開始，心理學有了主要的兩大學派：佛洛伊德和榮格。

那六年的探索中，榮格找到了自己生命的意義和方向。這之後，他把這段旅程定義為：中年之旅。這段旅程的意義，是為了把半段的人生裡，沒能走過的事走完；實現遺忘在抽屜裡很久的夢想；喚醒從沒發現的內在人格；找到屬於自己的位置及生活方式。

通常揭開中年之旅，會是一段驚心動魄的序幕：有時候是分離，有時候是生病，有時候會打壞你所有的平衡，有時候莫名其妙就進入了。

最後，能夠走過整段艱辛又難忘的旅程的，就能夠完全地放下：一直以來的夢魘、沒能面對的情緒及生命裡的難題。

當你走到這個階段時，會開始發現：一切都是那麼的新奇有趣，充滿無限的動能和創造力！在下半場的人生裡，好好的為自己活著，看見屬於你的天命，真正的成為你自己……

這就是我所理解的中年之旅，和我自己正在經驗的路了。讀著李昆霖的書，會被他們一家人滿溢的幸福故事而感動落淚。但有時翻到下一頁，又會讀到他遇到不可思議的麻煩與挫折！

而他總有著神奇的超能力，過人的意志力、幽默感和無比堅定的信心，度過那一次又一次的困頓。

二〇一九年他成為內觀者之後，他臉上的線條，開始變得溫暖又柔軟；從瘋狂的行動變成內斂的慈悲；從銳利的老鷹之眼，變成天真無邪的笑容。

就這樣，我在他的身上，看到了中年之旅的轉化。真心的謝謝他，寫出這本感動人心的書，來陪伴每個正在自己的困頓裡搏鬥的人們。

也許你會想，那要用什麼樣的方法來度過中年之旅呢？

你可以選擇去內觀、認識心理學、練習太極、瑜伽、畫畫、跳舞、寫作、登山、潛水、彈琴……在這些平常你從來不曾去經驗的事情中，挑一個「未知」去挑戰，好讓你離開習以為常的舒適圈！

最重要的，是擁有能夠面對變化的勇氣，不要害怕此刻生命中的困難，因為這一切都是會流動的，不管此刻經驗的是幸福，或是存在著痛苦，有一天都會消逝的。當走過中年的苦難，到頭來會開成滿山遍谷的花香的！

我祝福著：每一個不管是在幸福、痛苦、迷惘、無助或者憂鬱裡的中年人，都能在你僅有一次的中年之旅裡，找到真正的自己，找到真正的快樂，真正的平靜！

推薦序

他的人生勇於嘗試，保持覺知投身於未知

／李崇建（作家，資深生命教育工作者）

我與昆霖認識已三年，在一場工作坊相識。

他來新竹參與課程，主題是溝通與對話，他對課程並不熟悉，對講師也不熟悉，只是聽人介紹而來。事後我才知道，他對課程帶點成見，溝通與對話需要講？與一般坊間所談概念，又有什麼不同之處？他的心裡帶著質疑，帶著一點兒抗拒。

但是，他仍參與三天的課程。

這是我與昆霖的認識。我以這段相識契機，作為書序的開頭，來表達對他的理解。

他的人生勇於嘗試，即使並不完全掌握，也願意參考他人意見，同時也看見自

己的部分，這看似衝突的態度，卻是一種全然的開放，保持覺知投身於未知，這是昆霖展現的生命：他的創意是不計得失，勇於嘗試而來的結果，他的投入是全心參與，趣味就在其中顯現。

昆霖雖然來上課，我對他也不熟悉，只記得我與學員對話，他有觸動而舉手發言，關於童年犯錯的過往，他被媽媽罰跪的經驗。除了分享自己的觸動，也表達原本內心的抗拒，以及他對課程的欣賞，甚至他成了課程推手，常推薦朋友來上課。

他的坦誠讓我印象深刻，隨後他邀我上Podcast，兩次到他家接受訪問。

創業、選擇與經營

寫作班老師聽說昆霖邀我，興奮的問我一連串問題：「你上『腦闆』的節目喔！有沒有看到漫畫店？有沒有去吃泡麵？他有沒有送你面膜？……」

我完全對昆霖不了解，透過跟同伴們互動，才知道昆霖這麼有名。「腦闆」是他的暱稱，擁有一大批粉絲，開了一間浪漫的漫畫店，經營與研發最棒的面膜，打入歐洲的市場。我開始注意高雄捷運站，美麗的「提提研」面膜廣告，簡潔、鮮豔又搶眼的畫面，大面積抓住行人的眼球。

昆霖自陳創業之路，從開漫畫店到面膜，他的選擇與經營之道，這本書我看得仔細。

我對企業家的成功之道，如何經營企業的方式，曾經非常感興趣。比如蘋果的賈伯斯、馬來西亞糖王郭鶴年、日本經營之神稻盛和夫、總裁獅子心的嚴長壽。他們的成功有相似之處，昆霖也與他們彷彿：對事物保有好奇，積極的學習新知，勇於嘗試與創新……

但我從昆霖的書中，不僅看到成功者的典範，昆霖具有企業家特質，也看見「他成為自己」的細節。昆霖是個浪漫的人，漫畫店是夕陽產業，他明知不可為而為之，這是浪漫精神的展現；他參與岳父面膜事業，以力挽狂瀾的魄力進入，也是明知山有虎的決定，這也是浪漫主義精神。

昆霖並非無知的投入，而是已知有多艱難，才決定投入一場試煉，這是對失落做好準備，卻不視失落於必然，這是我前述所提及：「一種全然的開放，保持覺知投身未知。」

若是無知投入事業，只是片面想要成果，看不見經營的全貌，往往以失敗告終，這是不少創業失敗者的處境。

若是視失落於必然，往往只是無奈承受，或者進行不負責的遊戲。但是昆霖的投入，是經過謹慎的決定，欣然投入創造之中，並且全身心的投入。

因此，我看見他的思路，不是抱怨世界多艱難，不是什麼路行不通，而是「我還可以做什麼？」的積極思路，這也是成功經營者，常展現出的特質。傳記作家歸納為不怕失敗、積極進取的樂觀精神，若是往細節裡去審視，他們升起的起心動念，是成功者的關鍵。

我認為昆霖腦袋裡，不斷運轉著的心念是：「我可以做些什麼？我要做一些什麼！」

這個心念的背景是：「一種全然的開放，保持覺知投身未知。」

昆霖帶著如此心念，就能有效集中能量，做出各種經營選項，比如漫畫店生意慘澹，該如何創造知名度，讓看漫畫成為享受？比如遇到全球疫情，面膜無法在歐洲上架，該如何銷售這些貨品？面膜應如何被看見。嘗試的點子不成功，比如賭城拍宣傳照，其他行銷阻礙，要如何導向成功？比如產品顧問責難，他不視為一種羞辱，而是改進的契機，比如岳父想收回經營權，他思考下一步如何走，而不是抱怨、糾纏與損耗能量……

昆霖經營事業的歷程，充滿著新奇的點子，他關於行銷宣傳的分享，我認為很值得一看，我看得非常投入，尤其是社群的經營者、自媒體工作者可以參考。我看見他的繽紛想像，落實於行銷的時機與發想，相信有這方面需求者，可以從中挖掘出寶貴的點子，學習他看世界的方式。

成長背景與歷程

昆霖的生命態度，對事業的投入與發展，我認為與家庭教養有關。

傳統的教養觀念，重視孩子求生存，也就是考好成績，寄望孩子未來有好工作，所有投入的努力都為此。希望保有穩定的飯碗，往往忽略了生命的內涵，因此近年有「內捲」一詞誕生，很多人「內捲」的結果，生命的創意消失了，中年之後常感無意義。

「內捲」帶有負面意涵，為求生存而空了生命。還有人因努力無用，乾脆「躺平」算了。

昆霖既不捲也不躺，充滿著活力與創意，應與成長歷程有關。母親應是其中關鍵，她對昆霖的學習，有一定的要求，比如重視英文學習，讓昆霖出國留學，某種程度是菁英教育，這是為了孩子的生存。

但是，母親亦有其浪漫的一面，讓昆霖去浪遊冒險，不立刻投入維生謀職，不因為安全阻止昆霖，不要求他把握時間工作，催促他投入職場，局限其生命的發展，這是一種願意放手，讓生命更多自由的展現。

母親浪漫的性格，帶著浪漫的教養方式，與昆霖後來的發展，對於事業的選擇、危機處理的方式，以及創造力的展現，同時保有焦慮與活力，我認為有相當的關係。

整合身心的學習

昆霖近幾年推動內觀，他分享初試內觀的辛苦，對他而言看似一場酷刑，但是他知道有所需要，因此堅持下來了，這個歷程著實非凡，因為一般人常止步於此。

我每天也靜心一小時，深知如實觀察之美。我的體驗歷程從日常覺察，再慢慢進入靜心的練習，有我自己的體驗歷程，心中沒有太多掙扎。但昆霖進入內觀體驗，書中道出初期的不適感，再到堅持下來的收穫，邀請家人朋友進入，並且身兼法工推廣，可見他為了生命連結，從自身到周遭關係的投入。

他以美好目標引導體驗，即使過程遭遇艱難，他也一步步抵達彼岸，這是他生命的核心，而他持續內觀的成果，與他生命產生更多連結，這些連結也會在關係中顯現。

書中提及母親的堅毅，提到婆媳相處的歷程，昆霖很坦誠的揭露，家庭關係的功課不易。內觀應為他帶來如實，使他更和諧的接納，也來自於他的耐性，以及「能做什麼」的特質，婆媳成了親密戰友。

昆霖「能做什麼」的生命意涵，體現在行銷、創業、創意與家庭，都是一股積極的能量。他提到母親的狀況，猶記得我接受採訪，推薦畢柳鶯醫師的書，並且介紹她的觀念與做法。昆霖初時頗為訝異，但他最後接受建議，邀畢醫師上節目，並且跟母親認真討論，人生最後一段路怎麼走。

我看了書中的敘述，興起讚歎與尊敬，昆霖不止勇於嘗試，也勇於實踐不怕犯錯。他學習了薩提爾對話，便運用在親子關係、夫妻關係、母子關係與父子關係，我相信一定不乏挫折，但是最後展現出來的，都是他積極不放棄的結果。我在看他與父親散步，以及對話連結的段落，我深感那個狀態的美，跟京都御院的風景連結了。

謝謝昆霖的這本書，他開放分享自己，展現自己的人生、經營與學習之道。他充分融入內觀，如實去看世界，轉化為「可以做些什麼」的思維，「要做些什麼」的行動，也帶著「全然的開放，保持覺知，投身未知」的接納，在人生之途好好經歷，非常繽紛燦爛的歷程。

前言

生而為人，遲早要面對痛苦，不管是事業上的起伏，親人的離去，身體的敗壞，親子的關係，婚姻的和諧，這些都是步入中年的每一個人要面對的課題。

很多人都說這段時期是中年危機，但我認為，如果你沒有中年轉化的話，才叫作危機。就好比很多人的童年並沒有在愛的環境下長大，沒有好好的成長為大人，就會在成年時期過得很辛苦。我們在童年時期無法選擇自己的父母，也無法選擇好的童年，但我們在中年時期卻有自主權可以選擇讓自己有一個好的中年之旅。

我個人認為，晚年如果想要過得好，就要把握中年之旅的轉化，要不然晚年的人生會很辛苦。大部分的人注重的只有身體部分的養生之道，但在這裡我想講的是心的轉化，年老時才不會被心境的貪念以及慎恨所折磨。

聽起來很玄？其實並沒有那麼困難，這方法也不是任何宗教，我也沒有任何的宗教信仰。

為了讓自己優雅的老去，成為更有智慧的老人，我很幸運的在四十二歲時就接觸到轉化的方法，學習讓自己的中年之旅過得更順暢。目前為止，我自己認真練習這個方法第五年了，發現真的很有幫助，想藉由這本書跟大家分享。

讀這本書的你，或許有些不認識我，或許有些是從我做保養品事業認識我的，但也有些人是從二十年前就認識我了。很多讀者看到我，總是會問我：「腦闆，為什麼你會有這麼大的轉化？」這些讀我的文章長達二十年的讀者們，對我中年之旅的轉化感到很驚訝；也對我文章中所談到的內觀修行感到很有興趣。其實不只是內觀，學習引導，薩提爾，媽媽的去世，企業經營所遇到的困境，都是我的養分，讓我成為一個內在更穩定的人。

我今年四十六歲，我練習活出自己。很多人說我很不像（以前的）我了，但走過人生的一半，我真正感覺到自己了。

當我不再像自己時，我終於活出自己。

輯一

中年之前的人生

曾經是個瘋狂的人

我的中年之旅有很大的轉化，最主要的是我心境上的轉化。我變得不那麼容易暴躁，更能包容接納不同的意見，並且時時告訴自己要更有慈悲心。

談到轉換心境之前，我想要先分享我中年之前的人生，新讀者們才能看出我一路走來的做人處事態度跟心境有多麼大的轉變。

父母的教養

我想先從自己的媽媽開始說起。

我的媽媽叫王秀麗，她年幼喪母，從小被寄養在別人家裡，在很年輕的時候就看盡了人情冷暖，所以當她生下我時，心中就只有一個信念，一定要把她的兒子保護得好好的。

她因為小學只讀到五年級，所以她了解學歷不高被歧視的痛苦，她堅持我一定要把書讀好，一定要養成看書的習慣。而她自己也以身作則，是我認識的長輩中最愛看書的人。我們小時候的家境沒有太多的資源可以出門旅遊，所以媽媽每個週末一定會帶我們兄妹去高雄青年書局看書，因為可以在書店內看一整天的書是最省錢的親子活動。每次我們結束要離開書店前，媽媽總是會要我們兄妹選一本書買回家，因為她要我們養成消費的習慣，而不是占他人便宜。

她是一個勇於改變的偉大女性，當我爸爸的事業漸漸起飛時，她卻認為小孩的教育發展永遠比賺錢更重要，堅持一定要全家一起移民去澳洲，強迫我爸爸在三十九歲就退休，她認為這樣全家人的身心狀況才能得到更好的發展。

我們家在移民澳洲時，搬了好幾千本書過去，是布里斯本擁有最多書的華人家庭。每個月還會固定請台灣朋友寄書過來，讓我跟妹妹的中文不會退步。但同時她卻又選擇住在全部都是澳洲人的地區，認為這樣才能融入澳洲文化。

雖然她完全不會英文，但她總是為我做出最好的安排，既然我課業的能力不足，那就每天請四個不同的家教老師來幫我補習，把我送進最好的私立高中。進了好的高中還不滿足，持續每天放學回家後再補習四個小時，連續補了五年，使得我能以全澳洲最好的成績考上了大學。

她一直知道自己要的是什麼，所以在四十歲時拋家棄子，跟她的好朋友二人相約去爬了一個月的喜馬拉雅山，雖然其他人在當時無法理解，但這卻成為了她這一輩子最驕傲的事蹟。

她一直知道自由才是一個人最大的禮物，所以她在我十歲時，就訓練我自己坐二個小時的公車去燕巢朋友家抓螳螂，然後再自己坐公車回高雄。在我十五歲那年的暑假，媽媽安排我去住德國寄宿家庭當交換學生。我那時很想家，會經常打電話回家，但媽媽她還是鼓勵我要留在德國完整二個月把德文學好，於是我每天都會寫日記跟明信片和家人分享住在德國家庭的生活，媽媽都會把我的上百封明信片保存著。

在我十八歲以全澳洲最優秀成績（OP1）考上大學時，媽媽鼓勵我先去歐洲自助旅行二個月再回來上大學。她說她想要犒賞我成績很優秀，她願意贊助我旅費，讓我去開拓視野。她說年輕只有一次，一定要好好把握自由。因為媽媽的鼓勵，我愛上了用背包客的方式去自助旅行，去了四十幾個國家。

我二十二歲時想要去肯亞自助旅行一個月，她雖然很擔心那邊的治安，但還是放手讓我去。旅行期間有長達十天沒有訊號失聯讓她很焦慮，我現在身為人父，才知道媽媽當時是多麼的有勇氣，願意放手讓我去冒險。

當我博士學位讀到一半遇到瓶頸時，我跟媽媽說我想休息，去日本當交換學生一年，想把日文學好。她卻拒絕了我的要求。她跟我說博士學位一定要一氣呵成拿到，要不然以後就沒有機會、也不會有心境完成學歷了。

我二十七歲在美國拿到博士學位後，有美國公司願意聘我，給我工作機會跟很好的薪水，但媽媽她卻叫我先不要急著工作賺錢，鼓勵我先去環遊世界。因為這很有可能會是我最後有機會去環遊世界了（也確實被她說中了，之後的二十年我再也沒空去環遊世界了）。

我現在所擁有的心靈自由，以及勇於改變現況的勇氣，都是我的媽媽用心教育的成果。

我從我的爸爸媽媽身上看到他們從來沒有對金錢恐懼。我到長大後跟他們對話才知道，原來爸爸當年三十九歲只存了一千五百萬就勇於提早退休，移民去澳洲。

然後在五年內就把全部的錢花光（因為我們兄妹在澳洲讀的私立中學的學費跟才藝課程都很貴）。

我還記得我曾問過媽媽：「難道你們都不會擔心錢花光怎麼辦？」媽媽只是聳聳肩，一派輕鬆的說：「那就再回去台灣重操舊業就好啦。」這一幕對我影響深遠，他們對自己賺錢的能力擁有強大的自信，即便中間有五年沒工作。

我一直覺得我很幸運有如此強大自信心的父母，她們從不擔心事業從零開始的辛苦，而這也對我在事業遇到低潮時，想起父母的人生故事，產生很大的激勵效果。

長大後我做生意賺了錢繳了不少稅，國稅局還曾經有一年特地頒發獎狀給我，恭喜我成了繳稅優良戶。其實收到這樣的獎狀心情是很複雜的。沒想到我媽聽到後，竟然沒有像精打細算的生意人一樣，教我怎麼節稅，反而很正向的告訴我，她為我感到驕傲，她也希望我要為自己感到驕傲，能為自己的土地付出貢獻。她說：「如果沒有台灣這麼好的資源跟環境，我們也不可能做生意成功，所以我們不要占人家便宜。」

媽媽二〇二二年離開我們，但她留下的資產不只是實質上的資產，更重要的是看待金錢的平等心、不貪愛。

而媽媽她對女兒的教育，則是要求不一樣卻又核心理念相同的方式。她只希望我妹妹快樂就好，不必像哥哥那麼會考試。我妹妹跟她的澳洲男朋友生了三個小孩，一起在墨爾本養育小孩快十二年卻從沒有結婚。而我媽媽也認為沒有結婚的必要。因為這樣才會自由。

她跟她的孫女說：「以後妳也要像姑姑一樣，有能力養活自己，不要結婚，才能得到真正的自由。」

對於自由，媽媽有她自己的見解。

同時她也是一個很嚴格的媽媽。六歲時我偷錢買玩具，說謊被媽媽罰跪在店門口騎樓一整天示眾，面向馬路超多人潮，跪很久很久，那讓我一輩子都不會忘記；還有另一次說謊，雙手被高高掛在門樑上一整天，不能坐下休息。母親對我小學時期的人格教育是不打馬虎眼的嚴格，要求我絕對不能說謊，更不能找藉口。

我還記得，七歲那一年我在學校被同學欺負哭著回家找媽媽。沒想到我媽媽並沒有安慰我，反而口氣很嚴厲地對我說：「李昆霖，如果以後有人欺負你，你一定要打回去，而且一定要打贏，要不然你不准回家。」從那天開始，我在學校打架再也沒有輸過，再也沒有被霸凌了。從那時我就知道只有靠自己才能捍衛自己。

當我十三歲移民到澳洲時，我因為語言不通，又開始被霸凌了。澳洲同學長得都比我高壯，比打架是肯定打不過澳洲人的，於是為了求生存，我武裝自己，透過學習去補充自己，我努力讀書把英文學好，同時我還發現澳洲文化很佩服那些運動很好的人，而不是只會讀書的書呆子。所以我跟我爸爸說我想學網球跟其他運動。

我很感謝我的爸爸是個很開明的人，他很願意嘗試各式各樣不同的人生體驗，所以當媽媽要求他放下剛起步的事業，他也願意配合太太的要求，三十九歲就提早退休移民到澳洲，全心全意的好好陪伴子女成長。爸爸在台灣做生意時很忙碌，我們幾乎沒有機會對話，反而我們移民到澳洲後，我才真正認識了我的爸爸。他每天五點半會叫我起床，我們父子會一起去打網球，然後再一起去練高爾夫球練到七點半，才帶我去上學。在爸爸的陪伴跟鼓勵之下，我認真的學網球，還考到了澳洲網球教練執照，認真的練鋼琴，同時也是長跑選手，高爾夫也打得還不錯，於是我漸漸得到了澳洲同學的認同。

爸爸在我十八歲的時候就帶我去賭場，讓我去輸，讓我知道莊家永遠都會是贏家，我就不會去賭了。我在十八歲時去國外當背包客，遇到了外國人跟我借錢，我問爸爸能不能借他三百塊美金，他知道還錢的機率很低，但他還是讓我自己去嘗試，讓我提早體驗失敗，我就會更了解人性。

這就是我的爸媽，他們總是把挑戰看成是機會點，把痛苦看成是學習。

在他們的影響之下，我也養成了善於時間管理的習慣，漸漸變得很自動自發專注在課業上，於是我的大學畢業成績得到了澳洲政府跟美國大學的雙重獎學金，可以跳過碩士班直升博士班。

自信並不是與生俱來的

我的自信並不是與生俱來的，我在十三歲全家移民澳洲之前只是個平凡聽話的小孩，是到了澳洲之後，發現自己處在一個白澳政策剛解除不久的環境，第一天去上課連老師派的功課是什麼都聽不懂，在語言不熟的情況下每天被澳洲同學嘲笑霸凌。

於是我努力讓自己的功課在短時間內從後段班進步到前段班，從原本英文講不好，到最後高中連續三年德文和數學都是全校第一名，甚至教導那些原本霸凌我的同學解數學題、到最後變成了好朋友。

當時我也發現光只是功課好是無法得到外國同學的認同，必須在其他方面也融入他們的文化。為了不再被欺負，於是我開始練體能，十四歲就開始做重量訓練；同時我也進了網球校隊跟長跑隊，在歷經艱難，必須得要文武雙全才能得到外國同學的尊敬時，那時才發現原來自信是一項要長時期高度要求自己才能獲得的寶物。

從小在父母刻意的栽培下，我接觸了大量的不同興趣（每天補習德日文、鋼琴、國標舞、高爾夫球和網球）。在大四那一年，網球改變了我的命運。

大四那年有一天我在學校的網球場跟朋友對打時，我們系所的明星教授 Dr. Nesic 剛打完球經過我們的場地，他認出我來：「我知道你，你是那個常在我課堂上打瞌睡的學生，而且還坐第一排。」

他看我打得不錯，就想約我單挑，於是我們很快相約隔天比賽單打。我贏得很輕鬆（畢竟我是從小受過專業訓練的），而教授從那次慘敗之後就一直黏著我不放。很快的，我們就變成不是對手的關係，而是我開始帶一大桶球像教練一樣送球給他，糾正他的姿勢。

教授後來也發現，原來我的成績其實沒有他想像中的差，而原來我會在他的課堂上打瞌睡，是因為我每天早上五點就要起床，陪爸爸打高爾夫球跟網球，所以才會在上課時沒精神。他還發現我竟然擁有網球教練執照（大三那年暑假考的），於是我變成他的網球教練。而每次總是在打網球換邊休息時間，換我這個網球教練改向教授請教課業。

「Dr. Nesic，下禮拜要考的熱力學會很難嗎？我可能這幾天無法陪你打球，因為我要準備考試了。」

「哦，你只要把熱力學的第二定律搞懂，把第八章節後面的習題都做會，考試就沒問題了。那我們明天一樣是下午四點打球，我的反拍擊球有比較進步了，我不想停止練習！」

我那任性的教授會直接跟我說哪些章節不會考，讓我更有效率的學習，我才能有空天天教他網球。

於是我大四那一年的成績突飛猛進，最後擠進全系的前五名，可以跳過碩士班直接攻讀博士班，並且還每年領澳洲政府跟昆士蘭州政府的雙重獎學金（年領六十萬台幣零用錢，讓我可以當背包客環遊世界）。

只是好景不常，隔年教授被挖角去美國俄亥俄大學的化工系，他問我這個隨身網球教練要不要一起去美國深造，但他只能帶我去第一年，我必須在美國的一年內考上化工系博士班，要不然就會失去在美國讀博士班的資格。

可是我原本在澳洲讀的是機械系啊，我對化工完全不懂。更別說是跳級讀化工系的博士班了。我如果乖乖待在澳洲讀機械系博士的話，可能三年內就可以拿到博士學位。但如果我放棄澳洲學位去美國挑戰的話，可能會落得二頭空。

但我想都沒想就接受了這個挑戰。在美國的第一年，像地獄一般的在一年內把大學和碩士的六年化工課程腦補完，並且考上了化工系的博士班資格考試。於是我的美國獎學金領得更多了，連續四年可以每年拿三萬美金零用錢。

努力讓自己成為有趣的人

在美國讀化工博士的四年期間，因為每年多了這筆三萬美金零用錢，於是我拿了這筆錢玩了大量滑雪跟壯遊，開著一台 eBay 買來的二手 RV 房車，跑遍了美國四十多州。途中好幾次拋錨遇上困難，還必須克難的睡在沒有空調的廁所（因為沙漠太熱），並且徒步走很遠的路找人求救。我把這些做了大量走出舒適圈的冒險背包客壯遊，全寫在個人架設的部落格上（用自學的 html 語法，自己架很陽春的網站），因為做了太多蠢事跟大量的裸奔照，很快就成為台灣最早期 web1.0 破百萬流量的部落客，我也因此養成了寫部落格的習慣，不只是跟大家分享到世界各地旅遊的趣事，也會跟讀者們分享我的廣泛興趣，各式各樣的極限運動（詳情請讀我的前二本書《全世界都擋不住李昆霖》，《馬達加斯加：神鬼獵奇之旅》）。

雖然當時還沒有 Facebook 這樣的社群平台，但我從早期就喜歡在網路上跟網友留言互動，當時並不知道原來我這樣的行為正是在培養一群很挺我的粉絲。

現在的我再回首看過去二十五年部落格持續的寫作，才發現原來我一直不停的在經營自己的個人品牌，只是當時的我並沒有把它當作事業，而只是一種興趣，所以才能持續二十五年這麼久。原來現在我個人品牌力的可信度，其實都是過去全部所做過的一點一滴的經營累積。

現在的我走到了四十六歲才終於發現，原來我的熱情是寫作分享人生，而我的天分是真誠的文字引起讀者的共鳴，而這樣的天分導入社群行銷後竟然能轉換成龐大的商機，這是我從未預料到的，也不是我刻意經營的結果。

所以如果要我傳授大家成功的祕訣，我會建議大家努力讓自己成為有趣的人，真實面對自己，並且積極寫作分享人生，從經營自己的個人品牌開始做起。只要這些養分累積了足夠的個人品牌魅力，日後無論做什麼事情，都可以比一般人更接近成功。

其實我本來是個沒有什麼太鮮明個性的人，但為了得到他人的認同，我變得很願意打開自己，去嘗試不同的事物，於是我變得越來越有勇氣，越來越願意跟大家分享。只要是好玩的事，我都想嘗試看看。

在美國讀化工博士的期間，我除了嘗試各種有趣的事情之外，同時我也發表了許多國際期刊論文，完成了化工博士學位。當我拿到博士學位時，當時二十七歲的我覺得沒有什麼事情難得了我，就像我爸媽的人生故事教我的那樣，「人定勝天」。只要我努力認真，我可以達成任何事情。於是我想要更多挑戰。所以我問自己，還有什麼是我沒有嘗試過的呢？很快我就得到答案，我還沒有創業過，我想試看看。

第一個創業失敗：軟體公司

二〇〇四年拿到化工博士學位後，我跟教授一起創立了軟體公司，跟美國的指導教授技術合作，提供油管腐蝕預測軟體給石油公司。當時我人在台灣寫程式，收入是跟美國的腐蝕研究中心請款。

在視訊軟體發明之前，遠距離的工作關係是很難維持的，因為缺乏溝通的關係，寫程式遇上的瓶頸越來越多，我也漸漸發現自己的工作能力跟不上教授的要求。於是三年後我主動提出結束合作，而教授也沒有挽留我，我想我們彼此都鬆了一口氣，由我提出要退出而不是他開除我，因為我的能力不足，真的是拖累了整個團隊。

這是我的第一個創業失敗，但現在回首看來，它卻是一個很好的禮物，因為它讓我發現自己的熱情跟專長並不在寫程式上面。雖然並不是什麼值得炫燿的過去，但這個軟體公司的創業過程，至少讓我懂得如何從一群寫軟體程式的寫手中，辨別出頂級寫程式的高手。而這個辨別人才的能力，在日後我在電商經營中有著舉足輕重的重要性，因為它讓我更懂得尊重頂尖人才。

只有彼此尊重，才能一起成就好事。

寫程式的工作過程中，漸漸了解自己不是寫程式的超級高手，我發現自己失去了工作熱情，所以當我結束第一份創業後，我想要嘗試去創另一個事業，那是一個台灣市場上沒有的產業——運動加油隊。

第二個創業失敗：台灣加油隊

在澳洲讀書的十一年期間，是我人格特質養成的很重要階段，因為澳洲的文化是很奔放自由、不在乎他人眼光的，所以在我認真練習網球的青少年時期，我也參觀了好幾場澳洲網球國家隊的 Davis Cup（台維斯盃）賽事。我在那些賽事中，看到有一群很瘋狂的澳洲加油隊叫作 The Fanatics。他們是由一群運動狂熱者所組成的團體，他們會自發性的做澳洲國家色的加油隊服，免費送給現場的觀眾，讓觀眾可以穿同樣的衣服，一起為自己的國家選手加油。我第一次穿上那個加油隊服時，感受到跟全場觀眾一起唱歌加油的感動，這讓我印象非常深刻，也覺得非常的羨慕。

後來我到了美國讀博士班，在讀博士班期間，我特地開車到很多網球跟棒球賽事的場地，特地為當時還年輕的台灣選手像是盧彥勳、王宇佐跟王建民加油。我看到這些年輕的台灣選手在海外比賽時很孤單，場邊都沒有太多人支持，所以我就興起了一股想要創辦台灣加油隊的念頭。想要藉由加油隊在運動場邊加油的聲勢，讓世界看到台灣。

於是我請網友們幫忙設計了台灣加油隊的黃色加油隊服（這樣才可以不分藍綠），我自掏腰包做了一萬件加油隊衣服，免費送給任何願意穿上它的場邊觀眾，一起為台灣選手加油。

我們開始在網路上號召熱血的台灣隊員，到世界各地的大賽事為台灣選手加油。我也因為這樣飛到世界各地，去了英國溫布頓、紐約的美國網球公開賽等為台灣網球選手們加油，也到了洋基隊跟道奇隊為王建民和郭泓志加油，我們的加油隊員甚至還到撒哈拉沙漠為當時橫跨非洲的林義傑加油。

不過這樣熱血的商業模式很快就撐不下去，在澳洲可以行得通是因為他們有大量的知名運動選手們活躍在國際舞台上，還有他們的文化是人們會願意單純為了加油而特地飛去異國旅行。所以他們這樣的商業模式可以發展成一種有特色的旅行社。

但在台灣，這樣的風氣還不太容易培養，所以在空燒二年沒有收入的情況下，我們就宣布解散了（詳情請讀我的第三本書《台灣，加油》）。

這是我的第二次創業失敗，但這個過程並不是徒勞無功的，我從中學到如何在網路上凝聚號召力，多年之後我才發現，這些失敗的養分對我之後的電商生意有很大的幫助。

從這次的失敗經驗，我學習到要開創一個新的商業模式，需要融入當地文化跟穩定的收入來源，而不只是空有一腔熱情。我不是一個輕易放棄的人，於是我再度嘗試第三次創業，是一個很融入台灣文化的產業，且同時又符合自己的興趣。我開了一間複合式漫畫餐廳叫 BOOKING，開一間漫畫店是自己從小以來的夢想，但卻沒想到，那又是另一個燒錢的開始。

第三個創業失敗：選到夕陽產業

二〇〇八年，我已經拿到化工博士證書四年了，剛結束前二個失敗的創業，在失業中的同時迎接第一個孩子的到來。其實當時我的內心是徬徨的，我並不知道自己人生的下一步要做什麼，也不知道自己接下來該如何養家餬口。

我當時曾向中山大學送出履歷，希望可以去那邊教書，但沒有被錄取。感覺自己過去讀博士的學歷好像是多餘的。當時我每天就只是遛狗、養獨角仙跟變色龍，過著一種在外人看來很沒有產能的日子。當時內心的徬徨，現在都還歷歷在目。

這裡我想要特別把那時的心情分享給年輕人，其實現在看來很成功的大人，或多或少都曾經歷一段不知道人生接下來要做什麼的徬徨時期，但只要保持開放的心，準備迎接驚喜的心，我們都會被接納，一切都會是ｏｋ的。

回到我那段徬徨的日子。在那樣遛狗跟養甲蟲、變色龍的日子過了長達一年多之後，我心想，既然申請大學教職一直沒有收到錄取通知，那再來試試創第三個事業吧！

我非常喜歡漫畫，我兒時的夢想，就是擁有一間自己的漫畫店，我想像可以一邊收錢一邊看免費的漫畫，相信很多五、六年級生也跟我有一樣的夢想。

我決定開一間漫畫店。我運氣很好，有一對很開明的父母，家裡當時蓋了新透天房子，一樓的空間不想租給他人，剛好媽媽年輕時的夢想是開咖啡廳，所以我們母子就趁勢啟動了開店計畫。我開漫畫店，結合媽媽的咖啡廳，剛好就是複合式的漫畫咖啡廳。

但開店了之後，我很快就發現一個問題——沒有人上門。因為我們家住在平均年齡是六十五歲的高雄鹽埕區，只有二萬多人。而隨著智慧型手機跟平版電腦愈來愈普遍，我才知道原來經營漫畫書店沒有我想像中的簡單。我選擇了一個夕陽產業，尤其還選擇在賈伯斯發明 iPhone 跟 iPad 的時期開書店，實在是不能再更糟的時間點了。

隨著行動裝置普及化改變人們的閱讀習慣，書店的生意越來越差，每個月平均虧損五～七萬元。就連原本很愛讀書的我，也變成漸漸從手機上吸收最新的資訊。但我沒有輕易放棄，我當時還想把書店升級到提供上網選書並且宅配租書的服務。不過這個宅配租書的服務只執行了半年就發現完全行不通，因為租書收入的金額太低，以及配送的人事成本太高（因為還要派人把書收回來），很快就宣布失敗。

這次的挫折讓我知道，選擇創業的產業很重要，像書店這樣的夕陽產業很不容易經營，或是像競爭很激烈的餐飲業看似進入門檻簡單，但也不容易經營，因為它們都有區域性限制，除非能靠加盟或開分店來大量複製成功經營模式，否則銷售量有限。

在經營漫畫書店的艱辛時期，我還嘗試了自己去附近學校跟街口發送傳單。

我一直不是一個輕易放棄的人，就像求學時期一樣，為了求生存，我願意嘗試各種方法。於是我 cosplay 成漫畫裡七龍珠的主角悟空，去附近的高雄女中發傳單，也去六合夜市發傳單。那一年我發了好幾千張的傳單，也被拒絕了好幾千次。結果是生意完全沒有好轉，這樣的做法根本沒有辦法挽救我的漫畫店。我們就這樣連續賠了好幾年。

但我要特別強調的是，這個厚著臉皮對陌生人發傳單的經驗，雖然對當時漫畫店業績沒有太大幫助，但卻強迫我去發展我原本不會發展的技巧，迫使我去做原本不會考慮做的事。對日後我的事業發展扮演了關鍵性的轉捩點，也讓我因此結識了提提研的法國代理商（在後續的章節會談到）。

現在回想我人生中的養分之一其實是發傳單，因為就是那樣特別的人生經歷，才能淬煉出我征服恐懼的勇氣，在徬徨的時刻激發出我的自信心——久了就會變得自然，不會害怕面對陌生人。

加入太太的面膜公司

漫畫書店慘淡經營賠了三年左右，這時我太太對我提出了一個邀請，她說：

「既然漫畫店生意沒有好轉，第二個小孩也出生了，再這樣一直賠錢下去也不是辦法。你要不要加入我的公司，幫我把面膜推廣到國外市場？」

當時她的公司沒有會講英文的業務，她希望我可以幫忙推廣國際業務。岳父也鼓勵我不應該只是窩在漫畫店內，他認為我是個人才，他指點我可以把我的博士學歷跟多國語言的優勢運用在保養品產業上。他說，他的人生花了很多時間嘗試不同的行業，現在的他終於「定居」在保養品產業上，因為他認為花同樣的時間做事業，應該要從事高毛利的產業才不會浪費時間。

現在回想起岳父的話，也是對我人生很有影響的一句話，他是引我進入這個產業的導師。

我當時完全沒有任何做國際貿易的經驗，也不懂任何保養品的知識，不懂什麼是品牌跟包裝設計，不懂行銷。但我當下沒想太多就答應了。

我猜應該會很好玩吧。

這對我來說是一個很大的轉型，因為我對保養品是完完全全的門外漢，而我太太家族的保養品公司在當時也不是處在一個好的狀態。在台灣我們沒有足夠資金做實體通路上架以及相關配合的廣告行銷把品牌做大，也請不起代言人拉抬品牌形象，也完全不懂品牌行銷操作跟美學設計。而在國際貿易方面，我們也沒有任何做外銷出口的資源跟人脈。一切只能靠自己摸索。

我跟我太太接手岳父的面膜工廠時，我們並沒有一開始就握有一手好牌，相反的，我們面對每個月必須固定支出四百多萬、保養品公司現金只剩四萬元的燙手山芋；我們面對再五天如果沒有付款，公司就要跳票，以及數十個家庭的生計頓時失去收入的困境。

我從原本的漫畫店小坑，跳進了另一個更大的坑，而且是一個未知的領域。面對這樣的困境，我們必須做出改變，才能活下去，一切都要從零開始。我們當時唯一擁有的只剩源源不絕的創意，樂於擁抱新事物的學習心，跟勇於嘗試新方向的執行力。我決定用三個方向來挽救這間搖搖欲墜的公司。

第一個方法：先跟自己的爸媽借四百萬元讓公司不跳票。

第二個方法：成立官網部門，建立自己的通路。

第三個方法：投資海外參展，打造品牌力跟擴展客戶。

進入未知的領域

第一支箭：父母的金援

二〇一一年春，五號快到了，四百多萬的薪水跟甲存發不出來，公司帳戶的現金只剩四萬塊。岳父當時人在大陸，老婆問我接下來該怎麼辦？

「那我們就扛下來吧。」我一派輕鬆的說，其實心裡卻沒有太大把握，因為經營這間工廠每個月的固定開銷是四百多萬，就算今天可以跟我的爸媽借四百萬來度過這一個月，但是下個月的四百萬在哪裡我不知道。

我爸媽聽到這筆錢是要用來幫助岳父的工廠不致倒閉，立刻二話不說拿錢出來讓我們周轉。但他們借錢的唯一條件是，要求我們年輕人應該要做出與以往不同的格局，這樣才能避免老舊工廠不斷燒錢，並且要求我們在五年內將錢還清。

於是我們夫妻成立了佐見啦股份有限公司，負責打造品牌知名度，創造出更多需求，並在各方討論下，由佐見啦負責出國參展接單，再把訂單交給岳父的工廠代工。並且也同時把所賺來的利潤再投資，讓工廠從平凡的鐵皮工廠升級為歐盟認可的頂級 GMP 化妝品工廠。

現在回想起來，還好當時有聽媽媽的話成立了自己的公司，數年後發生了理念不合的事件，還能有東山再起的機會。

只是可惜我們花了無數時間跟精力所升級的工廠就沒了，但那是數年後、品牌轉型成功之後才發生的故事了。

第二支箭：成立官網部門，建立自己的通路

跟爸媽借錢發完了五號的薪水跟十號的甲存，成功度過了第一波倒閉危機之後（之後還有好幾波），我跟小啦決定認真檢視這間我們接手的工廠（雖然沒有跟岳父買下股份，但我們當時是把它當成自己的公司在經營）。我們發現沒有自己的通

路是造成公司無法獲利的最大問題，於是我們決定成立自有官網的ＩＴ部門。這有多重戰略上的意義，一是跨入年輕的消費族群，二是改變銷售通路渠道，三是建立健康金流。

我老婆跟她爸爸一開始創業時，他們的保養品公司是靠著電視購物的通路渠道來販售產品。早期看電視購物的族群是年紀偏高的媽媽們，隨著網路興起，電視台的收視率已經下滑很多。尤其高年紀族群通常對百貨公司專櫃品牌有很強的忠誠度，不會輕易相信年輕品牌，所以對於我們當時平價又沒有品牌力的公司來說，其實要主打的族群應該是年輕女性才對。所以我們必須要在網路的線上通路讓年輕族群注意到我們的產品，並且產生購買興趣。

網路線上通路又可以細分為三種方式，一是在自己的官網上販售，二是在大型電商平台販售，三是靠著隱形團購通路。我們先選擇了自有官網。

建立自有官網有二個重要的功能，一是建立自己的通路，二是有健康的金流。一旦建立了自有通路，就會有健康的金流。創業最重要的就是健康的現金流，當你擁有了自己的 B2C（Business to Customer，企業直接販售產品給終端消費者）銷售通路時，企業可以當下立刻獲得現金（消費者刷卡付費是一星期內銀行就會匯入我們的企業帳戶，幾乎等同收現金）。同時，企業開票給原物料供應商的應付帳款票期通常是二個月以上，也就是說，在付款給供應商的六十天之前，我們就會提早擁有足夠的現金再投入品牌資源和研發，像是國外參展、上架歐洲百貨公司或參加國際美容大獎比賽。這就是擁有自己通路的最大好處，擁有通路等於擁有現金流，就會有勇氣投資未來。

在電子商務發明之前的年代，如果要擁有自己的通路，必須投資大量資本開啟實體店面以及培訓現場的銷售人員。如今擁有自己的官網販售平台通路再也不是那麼困難的事，重點是如何在那麼多網站中脫穎而出，讓消費者注意到你，才是最大的挑戰。

有二種方法可以讓消費者注意到你的網站，一種是利用社群平台來導流量進入自有官網販售平台，第二種是難度比較高的 SEO（Search Engine Optimization 搜尋關鍵字）排名。

首先，你必須勇敢投資自己的網站團隊，擁有自己的 in-house 官網工程師團隊，能當下立即解決問題並且增加新功能來因應特別活動，而這是個需要相當勇氣的投資，因為初期的官網營收絕對養不起工程師的薪水。但是如果你像我們夠幸運能夠找到優秀的程式設計人員的話，好的官網程式設計人才可以設計出精緻簡潔的購買介面，讓消費者只需要點幾次手指就能完成購物流程（減少中途放棄購買的機率）。

不只如此，頂尖的網頁程式設計師能做得更多，他們能幫企業的官網排名優化，讓潛在消費者在搜尋關鍵字時能更有機會找到你的官方網站。

我曾經是個寫程式的工程師，雖然並非頂尖，但我能分辨得出優秀的程式寫手與一般庸才的差異。所以當我們一開始外包給馬基和小黃做網站時，我很快就知道這二位人才一定會對公司有很大的幫助，無論如何都要爭取他們進來公司。

日後也證明他們二位真的為公司帶來非常高的價值。我們有好長一段時間在Google的自然搜尋中（也就是不付Google任何廣告費），搜尋「面膜」這個關鍵字時，是全世界三千多萬個繁體中文的自然搜尋結果裡的排名第一、第二跟第三名。同時在Google Trend跟其他台灣品牌比較時，也是流量聲勢最高的。

我一向選擇相信人才，所以我總是給他們很多的尊重跟發展空間，採取完全的信任，幾乎不去過問他們在做什麼，因為我知道他們可以想到我們這些外行人所沒有想到的事。而當我有特別要求的功能要建置時，他們總是能在很快的時間內完成。對於頂尖專業人才，我們要給予尊重和空間，因為他們並不需要你去提醒要更認真工作（反而有時要勸他們別工作過度），我們要做的反而是提供給他們成長的環境，支持他們去創新。

當然，引進頂尖人才只是整體企業拼圖的一部分，身為品牌經營者，要做的事情不只是建構自有官網販售平台，同時還要打造品牌力，傳遞品牌價值，並且還要投入研發、製造與品管的升級。

第三支箭：開發新的國外市場，提升品質，打造國際品牌力

我們自己的官網剛成立時，平均一天的成交訂單在四～五件左右，單日營業額只有二千元是很正常的事，週末有時還會掉到只有幾百塊錢的營收。面對這樣的困境，我決定重新打造品牌力，首先就是完全停止在台灣電視購物平台的販售，努力開發新的國外市場，在國外建立新的品牌定位，一切重新開始。

當時我下定決心別再重覆前任經營者把品牌定位做得太平價的錯誤，我們在新的國家重新出發，想要把品質做到最好，把價格定到呼應高品質的定位，可是怎麼

將品質做到最頂級？我們當時還不是很有具體的概念。而且，國外市場不是你去開發就立刻能找得到代理商，也不是你想要在頂級百貨公司通路上架，你的產品就能說服海外的頂級通路讓你上架。

我帶著業務團隊出國參展，立刻就遇到了跟經營漫畫店同樣的問題，一樣都是沒有人來光顧我們攤位的困境。尤其是外國人在當時對片狀面膜的概念還很陌生。開拓海外市場並且教育新市場是一件非常辛苦的事，我們每年都持續在國際參展，但初期卻一直沒有人願意代理我們的品牌。現在回想起來，是因為沒有找對方法，好幾年的努力都是瞎忙一場。但我們沒有放棄，一直參展了十幾場沒有效益的展都無法突破困境，直到俄羅斯參展才是我們的轉捩點，在那邊遇到了日後的法國代理商。

二〇一一年底我們去俄羅斯莫斯科參展，那次又是另一次參展失敗的經驗，我帶隊的業務四人沒有人會講俄語，來參觀美容展的俄羅斯當地訪客也不會講英文，即便我們請了當地的翻譯，還是無法有效溝通生意上的細節，參展的四天完全沒有開發任何有效客戶。

最後一天我看著放空發呆的手下們，我不想這樣消極的坐以待斃，看著滿滿沒有發完的公司簡介，我靈機一動，想起過去我在經營漫畫店時發傳單的經驗，既然訪客不來我們的展位，那就自己主動出擊吧！於是我搖身一變成為推銷員，拿著自己的名片跟一疊公司簡介，到處去其他展位推廣面膜的概念。

我走到了一位專賣瘦身衣的法國品牌展位，剛好遇到展位負責人Pascal，他是法國人，於是我們交換了名片，他看了我的名片上有立體面膜浮印，覺得很有特色，於是我們就這樣聊了起來，我們聊的主要話題是有關面膜，我想讓法國人知道，片狀面膜其實方便又有效果，一定是未來保養品的趨勢。

臨走前我送了幾片面膜給他，沒想到一個禮拜後，竟然收到這位法國人的來信，說他想要當我們的法國代理商，希望引進我們的產品到法語系國家。

「你們想把產品打進法國通路嗎？」他打電話問我。

「當然想啊，要如何才能做得到？」我興奮又心急的問。

「那你們的成份配方要整個大調整，這會是很艱難的挑戰，要花很多時間以及很多金錢，你真的願意投入嗎？」他想再次確認我的決心。

我立刻回答：「我。願。意。」

「不管再怎麼辛苦，我都要挑戰看看！」我意志堅定的回答他，連考慮都不考慮，也沒問他要多少的天價。

在法國申請 PIF（PRODUCT INFORMATION FILE，歐盟產品資訊檔案）的這個過程，幾乎跟我當年寫博士論文一樣艱難，但我們從沒想過要放棄。於是歷經二年半的努力，我們成功的在法國連鎖藥妝店 Parashop 上架。然後在接下來的一年內，我們也迅速上架了 LVMH 集團底下的 Le Bon Marché 巴黎左岸貴婦百貨跟巴黎香榭大道上 Lafayette 老佛爺百貨。

這對我們建構優良品牌之路來說，是一個非常重要的里程碑。因為任何產業都有 country premium，也就是所謂的國家產地優勢。當你想到德國就會想到它是全世界最會製造汽車的國家，想到瑞士就會想到鐘錶跟巧克力，至於法國就會聯想到葡萄酒、香水、LV 跟保養品。

也就是說，法國專門生產輸出最奢華的保養品牌，讓全世界的女人為之瘋狂，而我們卻能反攻法國，讓法國女人購買台灣的面膜保養品牌，並且連續好幾年維持 LV 集團的貴婦百貨 Le Bon Marché 樂蓬馬歇的面膜品項銷售第一。這種不可思議的事情竟然讓我們辦到了。

一旦打開了法國市場，等於打開了全球市場，因為能在保養品競爭最激烈的法國百貨公司上架販售，代表的是品牌實力以及產品力。接下來全世界的頂級百貨通路都來爭取上架我們的品牌，我們很快的在瑞士的 Manor 百貨公司，義大利的 Rinascente，英國的 Selfridges，德國的 Kaufhof 百貨公司接連上架。並且全球四季飯店（Four Seasons Hotel）的 spa 也跟我們開啟了合作。

好幾年後，當我再問法國代理商，為何當初他會選中我們的品牌？他說：「因為我看到你們對名片設計的細節巧思，就認定你們一定是一家好公司，因為只有對細節堅持的公司才能達到法國上架的品質高標準。」

現在的我再回首當初辛苦的日子，深深慶幸還好當初自己有厚著臉皮像銷售員一樣親自到處推廣自己的產品，若不是當初為了漫畫書店的存活而有發大量傳單的經驗，就不會養成今天我願意嘗試的個性，才能把握那唯一的機會，連結到對的資源。

因為願意而扭轉命運，這真的發生在我們身上。

失敗，讓我更懂得挑選戰場

前面提到網路線上通路可以細分為三種方式，一是在大型電商平台販售，二是在自己的官網上販售，三是靠著隱形團購通路。我們一開始不清楚該選哪一個方式，所以我們同時三種都嘗試，很快的我們在大型電商平台上嘗到了巨大的失敗，但也因為有這樣的失敗經驗，我們才會專心做另外二種方式。

二〇一二年時期的Y平台是台灣最大的入口網站，也是大多數網路品牌上架的地方，我們嘗試上架到Y電子商務平台販售，就是希望藉由這個平台的高人氣流量來為自己的產品帶來曝光。

當時我們跟Y平台合作了幾個月之後，業績總是沒能起色，原因是這樣的大型商場平台有太多類似的競品，我們的品牌等於是被淹沒在眾多品牌之中，無法被消費者看到。於是我們努力爭取上架一檔首頁banner，希望能讓我們的產品脫穎而出被大眾看到。但要求對方平台給我們高曝光率的代價卻是必須打二．五折做條件交換，因為平台希望這檔活動能有高轉換效率（也就是說有看到這個活動的人會有高購買意願）。

我們以為原價的四分之一價錢，再加上首頁輪播能有上百萬人的曝光度，一定會有不錯的業績，沒想到一個早上過去，竟然只有十幾張訂單。這麼差的成績連平台經理也緊張的打電話過來抱怨，她希望我能在我們的FB粉絲專頁特地為他們寫一篇廣告文章，希望讓我們的粉絲知道這樣的優惠組合要去Y平台買。我當時沒想太多就照做了，一方面因為跟Y平台的合約是，業績如果太低就會被罰錢，另外，我們自己也缺業績收入，只好死馬當活馬醫，試試看。

於是我就在我們自己的FB粉專（當時大約只有五千名粉絲）發佈這個消息，請大家去Y平台買這個只有二．五折的優惠組合。沒想到出乎我們意料之外，在短短的一個小時內，立刻湧入上千張訂單，讓我們必須因為備貨不足而立刻關閉優惠組合。

那次的事件，我們雖然賺到了面子，卻失去了裡子。因為當時我們使用的成本內料已經比同樣價格定位的產品還要高了，這麼優惠的折扣再加上平台的抽成，讓我們完全沒有利潤可言。等於是賣越多賠越多，而且還是月結，等於一個多月後才能收到錢，現金流非常的危險，是賠錢的生意模式。

而我們還因為賣得太好，來不及準備足夠的貨在二十四小時內出貨，我們甚至全部辦公室人員都去包貨，包括我們夫妻、我們的電腦工程師小黃跟馬基也都去包貨，最後還是被平台罰錢，罰完後等於這檔活動讓我們賠了很多錢。

那次的教訓讓我知道，原來我們自己早已具備導流量的能力，而我們的粉絲其實也很認同我們的產品，只是我們沒能把最優惠的活動價格放在自己的平台販售。

那次在別人的平台跌了一大跤，但現在回想起來卻是我生命中重要的養分之一，我才發現，原來我們不適合做跟別人一樣的事情，我們必須要挑對適合自己的戰場。於是我立刻跟Y平台停止合作，專心經營官網自有通路和社群粉絲專頁，讓喜愛我們品牌的粉絲知道最優惠的價格在自有官網這個地方。而專心經營自有官網通路這個決定，也奠定了日後累積足夠資本去提升工廠設備和產品製程技術，才能做出夠資格的產品去攻打法國市場。

雖然我的興趣很廣泛，但保養品相關工作卻從不是我的興趣，更不用說對它有任何熱情。除了擁有外語能力幫忙翻譯以外，我一開始並不知道我能為老婆的公司貢獻什麼，後來想了許久之後，我找到了我可以貢獻的地方。因為我的學經歷是化工博士跟軟體工程師，講究的是實驗室精神——實事求是、眼見為憑、講求數據／標準、重視系統流程，這樣吹毛求疵的我，應該可以為化妝保養品的生產及品質做高規格的系統把關。再加上平時我就有閱讀的習慣，我也開始大量閱讀不同行業的行銷和管理方式，我很快發現，大多數傳統產業的銷售跟行銷方式都需要龐大的廣告預算跟品牌資源，完全不適合當時沒有充裕資金的我們。

國際知名保養品牌除了擁有龐大的廣告預算，能請得起知名代言人跟操作大量媒體曝光以外，還擁有完善的實體銷售通路（如品牌旗艦店、免稅店、百貨公司專櫃或開架藥妝店），而以上這一切，我們完全沒有。

有一句俗語說：「人無法選擇自己的父母跟出身。」我們只能從當下擁有的少數資源努力進步，讓自己更好。因為我們沒有什麼可以損失的，反而因此獲得意外的自由度，用我們鬼靈精怪的創意思維在網路上獲得聲量，自創遊戲規則。所以我們決定在自己的官網建購自己的通路，我們決定在哪裡競爭，並如何競爭，都沒有包袱。

所以我決定從當時最適合我們發揮創意的ＦＢ社群行銷開始傳遞品牌價值，
而這也是我們與眾不同的超能力。

專心經營自己的超能力

社群行銷一定要有靈魂

我剛加入老婆的面膜公司時，她們公司是沒有官網的，消費者只能靠傳真才能下訂單，所以我們夫妻接手公司的第一件事就是建立自己的IT團隊，建立官網系統。

剛創立官網時，官網網址的知名度太低，沒有流量（流量等於人潮）。這就好比你蓋了間漂亮的餐廳，有美味的餐飲，卻沒有人知道這間餐廳。於是我們在二〇一二年開始建立FB粉專，希望藉由粉絲專頁來為官網導入更多知名度和流量。

一開始我將創造內容的工作交給公司四個業務，要求他們每天輪流寫粉專文章，如果想不出內容，就去找一些網路有趣的文章轉貼在粉專上。

二個月下來，文章按讚數一直只有寥寥個位數，幾乎沒有人留言跟我們互動，官網業績也沒有成長。我們不知道問題出在哪裡？這段期間，我努力的研究國外知名品牌的粉絲專頁，想了解別人是如何操作社群行銷這種新媒體。在眾多國際品牌中，我看到了 Tory Burch 這個精品設計師品牌的老闆娘 Tory，她居然是本人親自在粉專撰寫文章，並且親自一一回覆粉絲的留言。這對當時的我產生很大的震憾，人家是國際知名設計師，她竟然願意在最前線回答客服並且跟粉絲寒暄問暖。如此有溫度的互動是我在其他品牌身上沒有看到的。

我當時想，就是要這種有人情味的粉絲專頁才會讓人想要追隨，還有誰比老闆更適合當品牌大使對外宣傳品牌理念的呢？於是我決定親自經營粉絲專頁，並且給自己取一個藝名叫作「腦闆」（我很確定我是台灣第一個使用「腦闆」這個專有名詞的，只可惜當時沒有註冊，現在很多電商老闆也都開始叫自己腦闆了）。

既然決定親自經營粉絲專頁，讓品牌有個性，我必須先讓粉絲知道我是什麼樣的人，於是我先在品牌粉專分享李昆霖個人粉絲專頁，讓不認識我的粉絲了解我成為腦闆之前所做過的趣事，同時也邀請原本是我李昆霖的粉絲（當時大約五千人）

來加入我新經營的品牌粉絲專頁。這起頭的五千人雖然不多，但他們卻是看我部落格十幾年的忠實粉絲，是這群鐵粉的熱情留言讓粉專開始有了生命力。

當品牌開始有了鮮明的個性之後，文章內容也跟著有趣了起來。品牌粉專的內容再也不像以前冷冰冰的官方制式化讓人有距離感，而是開始以第一人稱的「我」──這個創辦人老闆去跟粉絲說故事，由我跟大家說明我們經營企業所做的每個決定的背後原因，讓粉絲可以從我們經營者的角度去看事情，彷彿他們自己也是老闆一樣，看著這家公司一步步成長。

這個做法在當時是很顛覆性的行為，一般公司不會把老闆推上檯面，讓老闆每天以寫日記的方式跟粉絲分享經營心得，並且還在底下留言跟粉絲互動，甚至還加入朋友。尤其當這個保養品牌的靈魂人物竟然還是一個已婚的中年男子，而不是美美的女明星或模特兒。

我們內部當時也有討論過，是否應該把我包裝成一位穿白袍的醫美博士才會更有專業性（畢竟我有美國的化工博士學位，應該要利用一下）。但我們最後決定這樣假掰的做法並不適合我的風格，應該要對大家展現出我最真誠自然的一面，消費者才會覺得親切而擁抱你的品牌。而我也很享受著這一切，我從學生時期就開始經營部落格，已經有十幾年的寫文章經驗，所以在公開場合分享我的想法或生活是很簡單的事情，只是把發表平台從部落格轉換到ＦＢ社群平台而已。

文章內容開始變得有溫度之後，粉絲的關注度跟追蹤數量也跟著上升，官網業績也隨之成長。做了調整之後，我們官網的業績在短短一個月，從每天一～二千元提升到每天五～六千元，但我還是不滿意，因為我知道可以更好。我們需要想辦法創造更多聲量，讓更多消費者注意到我們。

想辦法創造更多網路聲量：時勢行銷

很幸運的，在二〇一二年的年底有一個知名事件，當時大家謠傳古代馬雅文化預言，二〇一二年十二月二十一日將會是世界末日。於是我們利用當時十二月二十一日世界末日的梗，把公司內部所有的產品集中做一個超大規模的優惠組合，把原價六千多元的價格，以一千二百二十一（1221）元的超低價格推出。

我們成功說服了許多沒聽過我們品牌的消費者，如果這一天真的是世界末日的話，也就不用付錢給我們。我們也同時引用方舟的寓言像是「世界末日前，一定要囤貨」等幽默的行銷文案，讓這個有趣的世界末日梗＋1221元優惠組合價迅速被大眾傳播。

在十二月二十一日官網開賣那一天，我們跟同伴們一起盯著後台每分鐘都有訂單衝進來而感到鼓舞開心，我們眼睜睜看著當天的日營業額首次超過萬元大關，接著不可思議的是，竟然在一小時內突破十萬元大關，最後竟然單日業績超過一百萬元，那一天的單日業績，是我們當時建立官網半年以來累積的總業績的好幾十倍。我們在沒有付任何廣告費的情況下，成功吸引了很多新的消費者買單並且進而成為我們的粉絲。當時的感動是我們一輩子也不會忘記的。

我想我們當時做對了一件事，就是把最優惠的活動放在自己的官網，讓粉絲開始養成在我們的自有通路平台消費的習慣，日後才能建立健康的現金流以及掌握官網會員習性的大數據。

當時並沒有「時事行銷」這個名詞，我們是因為末日事件才發現原來這招是我們的強項。也因為那次成功的行銷，奠定了我們日後行銷的方向。

粉絲養成術1：跟粉絲連結情感

有了以上成功的時事行銷經驗，我們並沒有因此而自滿，反而是每天無時無刻一直在思考如何還能跟粉絲更親密。有次出差參加美國美容展，我在拉斯維加斯半夜失眠睡不著時，突發奇想問粉絲，想不想收到我從美國寄給他們的明信片，沒想到竟然瞬間有上百位粉絲希望他們可以收到來自美國的明信片，而我也真的一一手寫完上百封明信片，跟粉絲們分享旅途中發生的趣事，並且趕得及在離開美國之前，把明信片用傳統的郵寄方式寄回給台灣的粉絲。

這件事表面上看來是一件很吃力不討好的事，尤其是在電子郵件如此方便的現在社會，連自己最親密的家人都不再寫明信片給自己時，竟然會收到面膜品牌的執行長來自海外的親筆手寫明信片，這肯定會讓收到我親手寫的明信片的粉絲印象深刻。我們當時並不知道，原來我們正在做一件跟粉絲連結情感的事情。

這件事也不小心慢慢變成我們的傳統，只要腦闆出國就會寄明信片給粉絲，成為粉絲最期待的一件事。十幾年下來也累積了上千張明信片給粉絲們。

所以當有人問我如何成功經營社群時，我的回答只有「真誠」二個字。在認真經營粉絲專頁的時期，我寫了上千篇文章，我有長達五年的時間，每天都花十六個小時跟粉絲留言互動，我是真的認得出上千位粉絲的名字，我也會在不同國家出差時，特地帶紀念品送給粉絲，甚至還跟粉絲們一起去唱歌，並且請大家去看電影。

因此常常有人問我：「如何鶴立雞群、緊緊抓住粉絲？」我認為只有當你真誠的跟粉絲交心，不必刻意討好，擁有相同氣質的人自然會被你吸引。

粉絲養成術2：敷面膜實驗——跳傘

二〇一二年我們公司到美國去參展，當時公司在美國還沒有任何知名度，那次一樣沒談到什麼生意，也沒拿到任何有效客戶的名片。

美國的Cosmoprof美容展每年都在賭城拉斯維加斯舉行，一般人去拉斯維加斯參展會順便去賭場玩幾把試試手氣。當你是以觀光客的身分去賭城，那裡的確是能讓人有很特別的體驗，但當你是財務狀況吃緊的情況下，必須為了省錢而住隔音不好的廉價飯店時，那就又是另外一回事了。

我連續二晚被對面旅館的雲霄飛車吵到失眠，既然無法改變現況，那就乾脆去坐這台很吵的雲霄飛車。但只是坐雲霄飛車並不足以讓我平息失眠的焦慮，於是我就想試試同時敷面膜坐飛車測試服貼度來打發失眠時間，沒想到排隊一小時後快輪到我時，竟然被售票員禁止帶手機上飛車自拍，無法敷面膜自拍坐雲霄飛車這件事讓我很不開心，當下也發脾氣放棄不坐了。

但這個實驗的念頭已經興起就難以打消，於是我整晚輾轉難眠，思考還有什麼其他很酷的敷面膜實驗方式。結果我想到了跳傘，拉斯維加斯附近的沙漠是很適合做跳傘活動的場地。

所以我就真的去跳傘，而且還想要敷著面膜跳傘。

我想像在跳傘時可以請指導員幫我拍攝，做面膜在自由落體時是否服貼在臉上的實驗，於是我立刻半夜上網查了在拉斯維加斯附近的沙漠是否隔天有跳傘活動，沒想到隔天清晨真的有一班跳傘活動，於是衝動型的我，立刻刷卡預約訂位。二個小時後，清晨五點半，我就從飯店坐車到郊區的沙漠，搭乘他們的小飛機到一萬五千尺高空準備敷面膜一躍而下。

我一直覺得我們公司的面膜服貼性很強，我很好奇如果我敷面膜跳傘的話會怎麼樣？會不會真的服貼，還是會被吹掉？

其實這並不是我第一次嘗試跳傘，這類型的極限運動我在青少年求學時期很常嘗試，所以跳傘前我完全不會緊張，反而全程我的心思都只在乎我有沒有把面膜敷得很整齊服貼，拍照才會好看，雖然他們要求一定要使用護目鏡讓我覺得失去想做真實服貼度的實驗機會，有點作弊遺憾，但心想如果降落後還是完美無缺服貼的話，那就太酷太有行銷梗了。

結果是我想太多，事實是一跳下去下巴部位的面膜立刻就被強大的氣流衝開蓋到眼睛，害我全程都只忙著想把面膜敷回去，但在時速好幾百公里的自由落體的氣流衝擊之下，根本不可能辦得到。上半臉還有留住面膜是因為有護目鏡卡住的關係。於是我就在天空停留了一段時間，就這樣只敷著上半臉的面膜。當快降落的時候，我把護目鏡跟面膜拿掉，想對鏡頭說幾句話，沒想到事後看影片，竟然發現我額頭有敷面膜的部分，跟沒有敷面膜的下半臉比起來，真的有比較亮白，真的看得出效果。

這次敷面膜跳傘實驗，雖然面膜服貼度的高速測試失敗了，但沒想到亮白的功效性效果卻意外大成功。這個實驗也告訴我們，要一邊跳傘一邊做臉部保養是不可能的事。雖然這個結論看似理所當然，但總得要有人有足夠執著的實驗精神去證實這件事。

雖然我不是歷史上第一個跳傘的執行長，但應該是第一個敷面膜跳傘的執行長吧。

沒想到這一跳竟然跳出了經典，影片一放上網，立刻被大家瘋狂轉分享。日後的新聞或媒體報導總會拿出這一段來凸顯我們品牌的行銷力，其實這只是我半夜失眠的臨時想法，而不是刻意規劃好的橋段。我相信這些特殊的想法，人人都能想得出來，但能當下立刻去實踐的並不多，我想這是我們與別人最大的不同。

於是隔天我們立刻推出一個生物纖維系列組合來做跳傘特賣組搭配銷售（我跳傘那天敷的是生物纖維面膜）。因為我們意外發現，從頭到尾因為護目鏡而把面膜綁得好好的額頭區，降落到地面後跟臉部其他部位已經有色差，這可以很明顯看出生物纖維面膜的瞬間保養效果（參看本書末第三〇九頁照片）。

這個前無古人後無來者的敷面膜跳傘話題性太強，又創下網站瞬間流量爆炸的紀錄，不只創下生物纖維面膜系列的業績新高，隔天立刻賣到缺貨，就連我也沒有預料自己這一跳竟然跳出這麼高的業績。

大家都想要這款可以跳傘亮白的面膜。

跳傘優惠組雖然成功引起注意，但唯一的缺點是，造成公司後端出貨跟客服部門人仰馬翻，因為我經常不按牌理出牌的作風，在沒有通知任何人（因為我老婆一定會阻止我）的情況下去跳傘也就罷了，而且跳完後又自作主張組了一個「跳傘特賣組」給大家，完全沒有考慮後端產線備貨不足的問題，事後被消費者抱怨連連。這件事連公司內部也是藉由FB粉絲專頁才知道我去美國跳了傘並且開賣了新組合。

我在未來的章節會談到，當公司規模越來越成長時，我們公司如何從早期的個人英雄單打獨鬥作風，轉型為團體組織戰，如此才能讓公司變得更好。

分享真相化解危機

每次的跌倒經驗都是讓我們更加茁壯的養分

我在十一歲那年暑假，在我爸媽的銀樓打工當跑腿小弟，銀樓常需要跟其他的銀樓互相合作調貨或做外幣買賣，所以我會每天騎腳踏車送貨，貨就放在小袋子裡，掛在腳踏車手把上。小袋子裡通常會裝金條或珠寶，有時候還會放好幾十萬的現金。騎的路程也不算短，最遠的還能騎上半小時左右。

我爸媽那時沒有錢請額外員工，所以只好讓我幫忙跑腿。

那一次印象很深刻，我從老家（高雄大同一路中山路口的黑橋牌旁）騎到舊大統百貨附近的銀樓（現在的新堀江）。我騎到一半經過漫畫店，下車看了一下最新的《少年快報》。看完後再繼續騎，騎到送貨地點的銀樓時才發現本來掛在手把上的袋子不見了，袋子裡裝的是二條重沉沉的黃金。

我像發了瘋似的，來來回回騎了十幾趟都找不到袋子，最後帶著惶恐的心回家準備挨罵或是可能的罰跪或吊起來用軟水管抽打等酷刑，沒想到，爸媽聽了我的解釋之後，並沒有罵我，叫我先上樓。

我一直躲在二樓樓梯口往下偷偷看爸媽的反應，只見他們一直在打電話喬事情，但卻一點沒有打算上樓處罰我的意思。晚上他們也沒有提起這件事，我人生第一次失眠的度過了那一夜（當時的我反而希望他們快點把我痛打一頓，這樣我才不會一顆心懸在那邊，才能讓我好睡）。

然後，然後就沒了，彷彿好像沒有發生過這件事一樣。長大後我問他們，他們才說：「他們事後反省，是自己的錯，不應該叫那麼小的孩子去做這種事。」

我會想起這些事是因為二〇一四年父親節那天，我們公司的業務跟法國代理商在溝通上出了一點誤會，犯了一個小錯誤，沒有把新的國際條碼印到新產品的鋁袋上，這造成的後果，不只是一貨櫃的生物纖維面膜必須從法國被退貨運回高雄，重點是還要重新生產一批並且用急件空運補貨給他們（超貴的急件空運運費當然是我們公司出）。

我的管理風格一向不走破口大罵那種傳統方式，因為生氣並無法解決事情。每次遇到這種賠錢事件，我都會想起二十年前的金條事件以及我爸媽當初對我的寬容，這些跌倒的突發狀況都是在考驗我的智慧。首先我一定會反問自己，要是這個案子由我自己承擔的話，能有信心不會犯下相同的錯嗎？答案是連我自己也沒有把握能不犯下這個小細節的錯誤。尤其是我們每個業務每天都忙到無法顧到每個小細節。這是個警訊，代表著我們的業務人數必須增加才能應付越來越多國際客戶的訂單。

損失的金額只要是公司可以承受的範圍，我都會告訴自己，錢再賺就有了，學到的經驗卻是無價的。我會把它當成是上架法國通路的必繳學費。每次的跌倒經驗都是讓我們更加茁壯的養分。同伴跌倒了，我們就開會請她把跌倒的經驗跟同事們分享，確保以後其他人不會再犯同樣的錯，同時大家再給她鼓勵安慰，扶她一把。

我想要謝謝我的爸媽，他們從小對我的身教言教影響非常深遠，造就了我現在的處事風格。我期許自己可以當更好的老闆。我跟大家分享我爸媽這個小故事，主要是想把這樣的正面影響力再傳播給更多人，讓大家都能有一顆善良體貼的心。

願天下的爸爸父親節快樂。

以上這篇文章是我在二〇一四年的父親節寫的，因為業務疏失使得包裝上的國際條碼搞錯而被法國代理商退貨，我把這件事分享到粉專上，把我爸媽的故事跟大家分享，我談到當老闆更重要的是要有一顆善良的心，比算計更重要。我並沒有責罵業務，反而是認為自己監督不當，當下答應法國代理商立刻再重新做一批貨給他們。

沒想到這篇溫暖的文章感動了所有粉絲，文章底下留言全部一面倒要幫業務分擔她的失誤，於是我們也因此開了特例，當法國那批國際條碼印錯的貨重新運回高雄港口的那一刻，我們開放官網販售，讓平時無法在台灣販售的外銷法國產品，只有在這次機會可以被台灣粉絲買到。

在這個事件之前，我們從來沒有在台灣販售外銷到法國的版本，因為它是高成本的生物纖維面膜，我們並沒有把握當時在台灣的品牌力能夠販售如此高單價的產品（畢竟我們的出身是平價的電視購物品牌）。出乎我們意料的是，整個貨櫃在官網開賣的一瞬間就被大家搶購一空，這次的事件又是一個「危機變轉機」的完美詮釋，因為它不只讓我們少賠了上百萬元，並且讓我們發現原來台灣的粉絲是願意消費這麼高價格的產品，因為消費者相信我們的品質。而我們在過去所分享的文章中，已經不知不覺把我們對品質的堅持，植入粉絲的心中。

從這次的事件，我們開始敢在台灣販售高價的生物纖維面膜，並且開始把國外得獎的高品質產品開放讓台灣粉絲也能買得到，於是業績再創另一個高峰。

黑心油事件的影響

全世界最大的美容展就在義大利波隆那，我們很用心在搶攻義大利以及其他歐洲國家市場，前置作業如打樣、設計跟批文註冊花了將近一年快成交時，我們在二〇一四年九月原本已經計畫好要上架到義大利的藥妝通路，沒想到在最後一刻，被台灣的黑心地溝油新聞事件拖累，義大利的藥妝通路拒絕上架我們的產品，因為他們認為，如果一個國家連食品都無法把關，更何況是保養品？所以他們當時的共識是，不要上架像台灣這種黑心油國家的任何產品（明明我們的成份並沒有含任何豬油）。

很多老闆遇到這種事情可能會覺得這是不光彩的事，或是怕講出真相得罪人。但那並不是我的風格。我認為只要事件本質是好的，就應該去堅持，就不應該害怕被報導。於是我在提提研粉專文章中講出自己的失望，沒想到我們那麼努力在國外攻城掠地想打造出保養品界的台灣國際品牌之光時，竟然不是被韓國對手擊敗，而是躺著也中槍、被國內的黑心油拖下水，而且諷刺的是還不是同業……

其實這個問題比我們想像的還嚴重，它關係到的已經不只是我們的健康，而是台灣的國際形象。我覺得很難過的是，以前我們出國參展都很驕傲的說我們品牌的保養品是Made in Taiwan，現在卻連這個台灣製造的金字招牌都被蒙上了一層油。

損失這筆訂單是小事，比較讓我震憾的是竟然因為地溝油事件讓歐洲市場不願意購買台灣製造的產品才是更嚴重的國家大事。我不怪歐洲客戶的思維，硬是要把食物跟保養品扯在一起，因為在他們的認知，如果台灣政府連讓人吃下肚的東西都無法安全把關，那其他產品就更不必說了。所以他們會對台灣的產品有疑慮是正常的。

我呼籲政府要強硬的控管食安品質，才不會害其他像我們一樣想為台灣爭光的中小企業也被波及。

原本只是一篇抱怨文，沒想到這篇文章在沒有投放FB廣告的情況下，竟然有五千多個分享以及六十多萬人的原生觸及率。隔天立刻被全部媒體大篇幅頭條報導而意外讓很多人因此認識我們品牌，甚至還驚動政府官員派了審查員南下高雄，了解我們是否合格生產。審查委員到了現場之後，才發現我們不只合格生產，而且我們所遵循的歐盟系統的生產規範的嚴謹程度，還遠遠超越台灣的法規。這位被政府派來檢驗我們的委員被我們的堅持深深感動，我們發現彼此有相同理念，想要引導台灣相關產業做對的事情，於是從那天開始，他成為我們的顧問至今，因為他希望輔導我們成為台灣的標竿企業。

很多同行在這次黑心油事件中懷疑我們刻意炒作，其實他們誤會了，我們並不是故意炒作。我們沒有那麼大的能力控制媒體大篇幅頭條報導。我當時只是想為人民發聲，呼籲政府要堅持做對的事情，要更嚴格把關品質，才不會危害到其他認真經營的台灣廠商。

這次的事件讓我們發現，社群平台讓我們不只是一間保養品牌，我們也有能力經營自媒體，創造出有內涵、有影響力的媒體價值，讓社會大眾看到真相。只要事情本質是對的，就應該攤開在陽光下談。雖然失去了義大利上架的機會，但這個事件竟讓我們在一天內多了三萬個新粉絲，從原本的三萬多粉絲變成六萬多。

當然，我們在那次挫折之後繼續努力爭取在義大利上架的機會，說服對方，並不是每個台灣廠商都用黑心原料，而且我們的成份只有保濕功效的馬油，不是豬油。經過二年後，我們終於又成功上架義大利藥妝通路，為台灣品牌出了一口氣。

上面所談的搭配時事行銷的案例，其實只能創造出短期的經濟效應，企業如果要長久經營，應該分享更多的經營理念跟品牌定位，於是我們接下來在粉絲專頁上更積極的分享我們品牌的核心理念，並且專心溝通我們對於品質的堅持。

想像成功的畫面，並且去創造它

法國人教我的事

很多人都以為提提研能享有現在的知名度是因為腦闆我很會行銷，大家都忘記了一個最基本的道理；這世上根本沒有一夕成功這種幸運的事。成功行銷並不是只靠運氣，而是產品品質實力的堆疊。

行銷其實並不是我們公司真正的強項，行銷只能吸引消費者單次的購買欲望，但只有強大的產品力跟售後服務才能使消費者不停的回購。提提研最扎實的真功夫其實是我們對品質的堅持以及願意投資在品牌資源上的決心，這是我們從法國代理商身上學到的。

剛認識法國代理商時，當時我很挫折連續出國參展五年總是無法取得任何大訂單，於是我問他：「為什麼參展時都沒人想簽我們的代理權？」

代理商回說：「那是因為你沒有武器。」

「武器？」

「對，你要思考你的品牌有什麼特別的資源是其他品牌沒有的，會使人想要代理你的品牌。」

法國代理商這一句話打醒了我，因為當時我正面臨一個重要的抉擇。如果要在法國藥妝店上架，必須擁有歐盟認可的第三方有效性實驗數據認證，而這個歐盟認可的法國頂尖實驗室所認證的文件，每樣產品都要上百萬起跳，更何況還要加上其他安全性評估的認證。如果要全部產品都投入的話，這筆金額會是我們當時全部可動用的現金。

但我們最後還是決定把全部的資金賭注在這個決定上，因為這樣才能讓我們的品牌擁有武器。事後證明，這個投資不只讓我們的產品可信度更加分，也藉由跟法國實驗室的合作，更了解自己產品配方的不足以及需要改進的地方。我們的產品為什麼會被粉絲們所熱愛，絕對不只是因為老闆很會行銷，而是產品本身真的被證實安全又有療效，並且也被無數的消費者親身體驗所認同的。

雖然前後花了將近三年才完成歐盟必備的毒性學專家背書的安全性評估報告、有效性實驗數據以及溯源系統文件，但歐盟這麼高的上架門檻也奠定了我們的品牌在這個產品類別的領先地位。

我一直記得某位智者曾經說過：「高牆，其實不是為了阻礙你前進，而是考驗你有多想要跨越它的野心。」現在的我，只要遇到任何挫折，都會用這句話來鼓勵自己跟員工的士氣。這面高牆，一旦跨越了它，就會成為守護你的城堡，因為未來的競爭對手也要花相同的心力跟時間才能追趕得上。

我的引導師教練 Jane 對我說過：「人有分二種，大部分的人是 problem fixer，是解決問題的人。但當你把能量聚焦在問題上時，想要解決問題的同時，通常會創造更多問題。但另一種人比較稀有，這種人會 create by declare，我們要想像一個成功的畫面，宣告自己能達到這個成功的畫面，並且去創造它。」

這讓我回想起多年前剛踏入保養品領域時，我當時心中想像成功的畫面就是：「啊～要是有一天我們的自有品牌可以上架到法國百貨公司的話，那就完成了我的夢想。」沒想到過了幾年後，我們品牌提提研從法國代理商得到一個機會點，可以上架法國的藥妝通路跟 Le Bon Marché 貴婦百貨公司。但是唯一的條件就是產品一定要通過歐盟 PIF，證明它不只是安全，而且是一定有療效。

這對當時的我們是全新的概念，因為沒有任何台灣的保養品製造業者知道如何做出符合歐盟規範的有效保養品，因為要有毒物學的專家簽證才能申請 PIF，而這些毒物學專家很稀有，幾乎都在法國跟比利時。於是我們請了法國的毒物學專家來當我們的顧問，他叫 Perrier，沛綠雅礦泉水的那個沛綠雅。

沛綠雅先生要求我們給出完整的成份配方表，才能解析過敏源、安全性跟功效。當他看了我們給的初版成份表之後，用很不屑、幾乎是羞辱的口氣，直接對我們說：「你們亞洲人就是奸商，你們的有效成份的濃度加那麼少，竟然還敢宣稱自己的產品有功效！」如此的直白，讓我想起當年我讀化工博士期間，我的指導教授對我的嚴格教育。但這也點出了一個事實，原來我們過去身處在台灣的舒適圈太久，習慣了台灣不能宣稱療效的藥妝法規，於是我們全部的台灣保養品製造業者漸漸就忘了如何做出真正有效的保養品。

法國毒物學專家給我的羞辱，反而是一個極大的刺激，讓我反思，原來保養品真的要加足夠濃度的有效成份才是真的有效（在台灣會願意這樣做的傻廠商真的不多，因為台灣化妝品的廣告法規不允許廠商宣稱療效，自然就沒有廠商願意投資高成本做出有療效的產品）。

沛綠雅先生接著給我的第二個考驗是：「做一個產品的 PIF 要三百多頁，要真的很扎實的把產品的全部細節、功效跟過敏源給表列出來，你們亞洲人都是投機取巧的民族，除了日本以外，我不相信你們其他亞洲人做得到。」

「而且，我的顧問費很貴的，你們付得起嗎？」

多年前的這句話我到現在還記得，這麼傷人的話真的有刺激到我，當時我心裡只有一個想法，那就是我要證明給這個法國專家知道，我們亞洲人也是有願意扎根、願意不抄捷徑的民族，只想做出好產品的職人精神不是只存在於日本文化。此時我內在那個勇於挑戰、不服輸的個性浮現出來，內心裡 OS：「我化工博士都能拿到了，怎麼可能區區三百頁的產品溯源報告做不出來。就算再貴我都要做到。」

於是我回他說：「您的顧問費我們付得起，請教我們怎麼做出真正安全有效的好產品。」

當時雖然公司還小，但有志者事竟成，我們想像自己成功上架到法國百貨公司的畫面，再加上我們團隊不服輸的心態，我們讓法國毒物學專家跌破眼鏡。

法國毒物學專家的顧問費很貴，歐盟的第三方功效性檢驗更貴，每個產品的檢驗費都是天價，對當時我們剛草創時的財力，要拿出好幾百萬元做四個產品的PIF真的要有很大的決心，尤其當時根本不知道法國是否能接受片狀面膜，就這樣貿然投入手上全部的現金，現在回顧當年，只能說實在是傻人有傻福。

直到現在我們已經累積了六十五個產品都有通過PIF，也讓我們獲得了幫瑞士最大零售集團旗下保養品代工的機會，因為我們分享了自己的PIF配方給他們，協助這個瑞士集團做歐盟認證。

能夠讓瑞士最大集團捨棄他旗下自有的瑞士保養品工廠，捨棄他們自己swiss made瑞士製造的穩賣招牌，反而希望我們佐研院的台灣製造可以跟他們一起合作，因為我們做到了連瑞士集團也覺得很困難又耗時的PIF。

現在回首來看只能說，原來當時我們腦海裡一直有那個成功的想像畫面，才能引導我們團隊不斷進步的動力啊。

法國洗禮得到的核心價值

當我們二〇一三年在法國已經上架藥妝通路跟百貨公司，並且也同時外銷到十多個歐洲國家時，我們在台灣本土的形象卻依然停留在電視購物時期，努力壓低價，盡力迎合各方要求的俗俗賣形象，這很容易被陌生的消費者誤認為是便宜貨而不敢嘗試。

我們當時在法國賣的生物纖維面膜一片是九．八歐元，而同時在台灣賣的紙面膜一片卻是九．八台幣。雖然是不同的材質跟成份內料，但同一個品牌的價格卻落差四十倍，沒有任何一個保養品牌的定位像我們差異這麼大。

也就是說，我們成功在國外定位了自己的品牌價值，但在台灣卻有過去的包袱甩不掉。

如何提升在台灣市場的品牌形象，讓品牌的全球形象跟價位更一致，是我們當時遇到的最大挑戰。但一下子就把台灣的價格漲到歐洲的價格肯定行不通。

明明自己可以做出高品質高價位的產品，但為什麼市場卻不買單，相信這是很多台灣企業所面臨的問題。難道我們台灣產業只能落入「低價代工」的俗套嗎？既然不能改變自己平凡的出身，那我們何不擁抱它。於是我改變了自己的心態，努力跟消費者溝通我們的成長歷程，傳遞我們的品牌價值。

十年前我們是靠著做低成本面膜起家的，因為當時我們並不懂如何做更好品質的產品，我們只是單純的跟風，一般的製造商如何用最低的成本做面膜，我們就跟大家做一樣的事情。

當時的我們是無知的。

直到經歷法國毒性專家的洗禮之後，才發現原來我們必須把配方的安全性跟有效原料的比例全拉高才能達到上架歐盟藥妝店的標準。這代表著我們的成本已經回不去了，即便我們知道如何做出低成本的產品，但我們自己內心對品質要求的標準，已經不允許我們這麼做。我們自己的良心會過不去。

我們無法同時間用高標準高成本去製造外銷歐洲的產品，卻在另一條產線用低成本思維去製造適合台灣定價的產品，這樣會讓我們精神分裂。我們想讓消費者了解，我們有自己的品研中心把關品質，並且利用自己的官網通路直接出貨給消費者，以合理的價格回饋給消費者。

我們並不是一日爆紅，因為我們早已在國外把品質跟品牌實力堆疊近十年。我們十年磨一劍，才能回到台灣舞台被粉絲們強力推坑親友。雖然行銷很重要，但也一定要產品本身讓消費者發自內心的認同，粉絲才會口耳相傳。

品牌一定要先跟消費者站在同一邊，必須先解決消費者的需求，品牌才能壯大。

我們經營品牌的方法跟一般品牌很不一樣，我們挑戰先在品質要求最嚴苛的歐洲市場上架，在高端市場吸取經驗跟獲得更多品牌資源後，再反攻回台灣，如此才能快速在眾多的保養品牌中脫穎而出。我認為這樣的方式也能套用在其他產業的品牌操作，也希望更多台灣廠商能勇敢的用自有品牌踏入國際市場。

二〇一六年我們開始上架在台灣的實體通路。品牌成長到每一個階段都會有不同的挑戰，經營者必須一直學習不同的商業模式去驗證自己的想法，甚至要有勇氣挑戰過去自己的思維。當年我們夫妻剛接手這個品牌時，當時最大的心願就是希望能把這個品牌推廣到台灣的各大實體通路，當時認為這樣才是做好品牌。但當時因為沒有足夠的現金流，也沒有足夠的品牌力，所以無法談到好的條件而做罷。

過了幾年，我們在社群網站累積了很高的粉絲聲量，並且首次以「征服法國的台灣面膜」這個廣告攻占各大廣告欄位時，全部的實體通路爭先恐後想要爭取我們的品牌上架，各大媒體也邀約不斷。連大陸知名集團也出價希望購買我們的品牌，認為我們這樣的「國際級面膜專家」的品牌定位正是大陸市場所缺乏的。

只可惜好景不常，面對大陸市場我跟小啦雖然可以拒絕誘惑，但她家族的親友團們卻不想放過這麼好的機會，他們想要共享品牌成長的榮耀。我們一起走到了這裡，卻發現我們彼此的下一步版本不一樣。

在這個時候，我們釐清了自己，所以我們決定各做各的。

面臨亂流，選擇不爭

父母給我的人生智慧啟發

在談亂流前，我想先分享一下我是在什麼樣的環境下長大，以及它對我面臨亂流的影響。

我的阿嬤是一個豬肉販子，每天早上四點就開始工作，去市場賣豬肉，我爸爸是長子，他從小就跟在阿嬤身邊幫忙做生意。我爸從小就對數字很敏感，天生就是做生意的料。

爸媽在談戀愛時，二人分別是高雄市南華街上珠寶銀樓店的員工。二間不同的銀樓、店剛好在對面，於是我爸每天早上都擦很久的玻璃窗，只為了多看我媽一眼；一直到現在他還是很驕傲他的玻璃窗擦得比誰都還乾淨。

我出生的那一年，他們夫妻標了會錢借錢做生意，倆夫妻租了一個店面，開了一間小銀樓，全家寄宿在銀樓上面的一二樓中的夾層。當時他們夫妻最大的願望就是希望擁有一間自己的房子。

靠著當時台灣經濟起飛的好時機以及夫妻倆的努力打拼，他們在創業的第六年買了人生的第一棟房子，身為長子的爸爸認為他應該照顧好全部的家人，於是邀請了全部家裡的四個弟妹一起從鄉下阿蓮搬來高雄市跟我們一起住。

我十歲的那年，我的叔叔要結婚了，阿嬤說這棟房子跟珠寶應該有一半是屬於叔叔的（即便做生意賺到錢買房的是我爸媽）。但我爸媽沒有計較，決定把原本的珠寶店全部留給叔叔，我們搬到路段另一邊沒有人潮的地方重新開始，並且又回到跟房東租屋的無殼蝸牛生活。

我為什麼講上一代分房的事情？因為二〇一七年的我跟小啦也面臨相同的困境。我們夫妻好不容易經營起來的品牌跟工廠，小啦的長輩卻認為那也是屬於他們的榮耀，並且要求共同經營。

我們一開始樂見其成，大家族一起打拼事業本來就是一件美事。但嘗試了多次溝通之後才發現，這些年來大家的理念跟願景已經落差太多。我們從歐洲的經驗學到的是一定要使用真材實料的原物料，並且堅持製程一定要做到安全跟有效。只可惜這樣的理念伴隨而來的是很高成本的代價，而這並不是傳統思維的經營者可以認同的。

當時大陸的面膜市場很蓬勃，我們夫妻當時面臨一個選擇題，一個是選擇簡單的路，當孝順的小孩，乖乖聽長輩的話，用低成本的產品去搶攻大陸市場，但這卻跟我台灣市場和歐美市場所宣導的理念完全背道而馳。在這時候所做的任何關鍵決定，都會影響到我們下半輩子的人生跟下一代的思維。而我想當個表裡一致的人，更想活出榜樣給下一代看。

於是我們夫妻選擇當個有自己觀點的第二代，但我們同時也選擇不爭，我們選擇離開一手打造升級的工廠，給自己一個全新的機會重新開始，再新蓋一個以研發為主的保養品廠，同時 rebranding 品牌，給它一個全新的名字重新開始。就是因為我在過了三十年之後，想起我爸媽當時搬離他們白手創業成功的第一家店，而他們不只是搬離了舒適圈，並且還把幾乎所有的客人資源都留給他的弟妹。

我問起爸爸當時為何這麼做，他說：「我們覺得我們當時比較有能力，讓給年輕的弟妹是應該的，既然能買到第一棟房子，就能再買到第二棟房子。」這就是我的爸爸，他是如此的充滿自信並且強大到不跟人計較，我從他身上看到，原來，**真正的謙遜來自於真正的自信**。

我們夫妻也希望自己在小孩的眼中也是這樣的父母。

我們在二〇一七年面臨的困境，像是品牌客源被稀釋掉並且同時得燒錢重新蓋工廠，我覺得彷彿上天早已安排讓我在十歲時就有跟爸媽一起經歷過，好像是那個過程就是為了讓我準備好現今的挑戰。

所以我會跟我的孩子講為何我們決定不爭，我們想靠自己重新開始，因為我知道我們夫妻所做的一舉一動，都會刻在下一代的心中，影響他們的思維。

雖然我做的生意跟我爸爸的行業沒有太大的關聯，但從小看著爸爸跟客人的應對，像是不計較小錢，善待員工，甚至做賠錢生意只為了完成承諾或贏取訂單的長遠發展，這些把眼光放長遠的行為，都對我日後的做人處事有很深遠的影響。

所以爸爸現在看到我做生意，他很開心，他對我說：「做生意的人生就像雲霄飛車一樣，人生就是要刺激才不枉來這一回，就算失敗的話，只要你有做生意，永遠有機會反敗為勝。」他還跟我說：「你不要以為大方是與生俱有的，其實人的本性是自私的，大方的個性是要從小培養起來的，而且要當你有能力的時候才能大方，當你沒有能力時你就一定會斤斤計較了。」

我的爸爸總是一直給予我許多有智慧的人生養分，於是我想把我爸爸的智慧也分享給大家。

我與太太小啦：只想做對的事

十二年前，當我跟爸媽借錢去救岳父快要跳票破產的工廠時，我爸建議我：「要不要乾脆把岳父工廠的股份買下來？讓公司重新開始。」我當時拒絕了他的建議，因為我當時只是單純想要幫助老婆的家族事業不要破產。沒想到我當初的善念卻是導致日後我們離開自己打造升級工廠的主要原因。看似損失的過程，但卻是累積了我日後的養分。

雖然現在我們蓋了更強大的佐研院，但對於當時我們從小小一家代工廠一路升級的心路歷程，還是感到很不捨，畢竟那是自己年輕時打拼的印記。

我們早期是辦公室、產線跟倉庫在同一個空間，根本沒有無塵室的概念，我的兒子 Savi 還不會走路時，他都在充填產線的背後紙箱爬來爬去。

還記得有一次國外的客戶來我們公司拜訪，看到這一幕，生氣的對我說，我把他騙來這裡，他家的車庫都比我們的環境還好，然後他就飛回去了。這句話刺激了我們夫妻，於是我們花了六年的時間，把沒有隔間概念的家庭代工廠升級為無塵式 GMP 廠，從原本九十坪擴張到一千二百坪，才能有足夠安全的製造環境生產出優質的產品在法國上架。

我們願意改變讓自己更好的來源，有一部分是來自我太太的良善。我太太（我們都叫她小啦）十八歲就跟著她爸爸一起去大陸學做生意，內心善良的她在大陸那邊待了三年，看到了在高速成長的經濟體下的商場百態，反而更培養出她的高道德標準。

回到台灣後，她只想做對的事。像是每次開發新產品，她都會用自己那容易過敏的臉先去打雷射讓自己的臉處於最敏感的狀態，然後去親身試用新產品，確保產品安全性一定要能先通過她那關，才能繼續開發下去。像是她堅持提提研這個品牌不用主打自己有多麼永續或多麼有機，即便她知道品牌只要掛上這二個字眼就會很好賣，因為她認為這本來就是基本該做到的，不應該拿出來說嘴，更何況，只要沒有做到滿分，就不應該拿出來炫耀。

這就是我的老婆小啦，她是一個對產品開發超級高標準的人，只要是對的事，就算超高成本，她也願意投資。她甚至有點自嘲自己過度清高到不尊重錢，害公司用太貴的原物料成本一直在做賠錢生意。

小啦還有一個獨特的個性是她從不討好任何人，這也是我最欣賞她的地方，她從沒有想要嘗試當一個完美的老婆或孝順的女兒。雖然她在我心目中真的是非常孝順善良的女兒，但她有她自己做事的觀點，她不懂得如何乖乖服從的愚孝。當她認為與某人的關係不舒服或不對等，她總是會有勇氣改變現況，離開不對的人跟環境。她在這點跟我很像，我們不會委屈自己跟理念不同的人在一起。

我們夫妻與小啦她原生家族的理念不同，我們想做的不只是在消費性的資本市場做生意賺錢，而是一個可以帶給更多人幸福的志業，我們想要創造彼此尊重的環境並且幫助更多人，用我們的生命故事來活出一個典範，回饋給社會。

但是遇到亂流的當下我還是很難過，我難過的是時間的投資，而不只是金錢的損失。

當你面對人生最精華的十年投資在瞬間失去，一般人在這個時候可能會很想不開，但我們選擇了用幽默感面對這一切。

當時我們必須在一個月內完成工廠交接，當我們看到有那麼多的貨要在一個月內搬完，我當下乾脆叫粉絲來玩綜藝節目的直播遊戲，只要他們能搬多少貨就全部送給粉絲。沒想到那次的直播創下了上萬人的觀看人數，並且還在一天之內把工廠的貨全部清光（順便在一天內就做了一季的業績）。

隔天我帶了主管們去野外求生，是真的完全沒有帶任何食物，由原住民的獵人帶我們去花蓮深山野外求生三天二夜。因為我覺得野外求生會讓人變得更有意志力，也會讓我們從當下生命中亂流事件中找到其他可以讓自己專注的事。

野外求生

如果只給你一把刀跟一包鹽，你可以在野外生存多久？

在公司遇到最大亂流時，我竟然帶了我們品牌經營團隊的核心主管去野外求生，完全無視公司是否會因此而停擺，這絕對不只是任性，而是別有深意。我認為，人生，要有勇氣體驗至少一次內心想做的事，哪怕是只有一次踏出舒適圈，那將會是你永生難忘的回憶。

這次野外求生，我們請來了實戰經驗豐富的隨行教練團，他們是當地最強的原住民獵人、三棲特種部隊教官、國際救援組織種子教官，全部都是民間一等一的高手（台灣的消防系統人員幾乎都是他們訓練的）。

這個嚴酷的遊戲規則就是，我們只能帶一把刀跟一包鹽和睡袋，沒有衛生紙也沒有打火機更沒有帳篷，進入花蓮山區想辦法存活三天二夜。而教練團不會介入，只會在旁戒備，確保我們不會吃到有毒動植物或在落石坍方區紮營。

我希望讓更多人了解原來露營不只是互相比較誰的硬體設備比較高級，而是體驗最原始的野外求生，才能讓你獲得挑戰未知、探索極限的勇氣。

我們進入的這個山區完全沒有任何觀光客，環境非常的天然原始，走進深山的途中，三棲特種部隊教官仁哥教我們如何辨別有毒的姑婆芋跟可食用的芋頭。獵人雄哥教我們如何從植物獲得水分，於是我們的研發頭子宗佑忍不住就從中萃取出一大堆精華液。教官示範如何取得水藻，但是一定要煮過，要不然會像他一樣吃到寄生蟲的卵，二天後有吸血螞蝗從他的鼻子跑出來。

到了可以紮營的地方時，我們學的第一件事就是鑽木取火。我們花了六個小時，整整六個小時！在鑽木取火這件事上面！這真的很難！

就地取材砍竹子跟香蕉葉蓋房子，我們還有得獎無數的國際級設計大師朱志康來幫忙，卻被原住民獵人批評沒有美感。

第一晚我們又冷又餓到快昏倒時，生物系的佐嘉看到二隻蝸牛，於是我們把牠敲碎烤來吃，十四個人吃二隻蝸牛，那是我們第一晚的晚餐。

第二天一起床，就看到佐嘉在顧火，他說他一早看到火苗快熄了，趕緊塞更多的小樹枝把火救起來。我當下只覺得他未免也太愛表現，直到一小時後我們肚子餓了，需要煮早餐，才開始明瞭這個提前生火的動作有多重要。

但問題是，有火沒有用，火又不能吃。

沒有食材，我們一群人餓著肚子圍著火堆發呆，假裝在思考活著的意義。但當你肚子空蕩蕩時，你的腦袋也是空空如也。就算平時很了解人生跟企業經營方針的我，在這種飢餓時刻，也完全不知道下一步在哪裡。

無事可做只好四處砍樹枝（為了維持火源）的小馬撿到一個大蝸牛，我們很開心又同時很難過，開心的是可以吃到蝸牛，難過的是一隻蝸牛要分十四等份。

此時在旁袖手旁觀的教官終於看不下去，只好暗示我們清晨是蝸牛出來一步一步往上爬的時候，聽到這個暗示我們大家全部一哄而散，衝去四面八方撿蝸牛，這輩子從來沒有這麼渴望撿到蝸牛。

我們這盤散沙終究是毫無收穫，教官們把我們召集回營地，要我們檢討一下今早所犯的錯。

我說，我們就是一直很餓很餓，根本不知道我們犯了什麼錯？獵人雄哥這時丟了一包袋子給我，裡面裝滿了十幾隻青蛙跟蝦子，說這是昨晚他一個人抓的，他早料到我們沒有為早餐的食材做準備，知道我們今天一定會很痛苦。

原來在這麼剛毅的外表下，他有一顆如此體貼的心。這時我們才深刻的體會到，要永遠尋覓下一餐和下下餐的食材。我雖然在企業經營上可以看得到下一步棋，但來到了深山卻完全沒有洞察先機的基本生存能力。

難題接踵而來，吃的東西是有了，但面對活潑亂跳的青蛙，飯來張口的都市人，有親手結束過你想吃的食物的生命嗎？心理障礙跟飢餓感同時折磨著我們的身心。現場都沒有人敢殺青蛙，除了生物系的佐嘉以外，所以他只好示範如何挖出內臟取出腸子，我們才知道原來要這樣做才不會吃到大腸桿菌。

佐嘉留了幾隻已經死亡的青蛙給我試看看，既然已經死了，就不算是殺生，所以我也嘗試做青蛙的內臟清理工作。我發現，只有在你親手挖出牠的內臟的那一刻，你才會開始懂得珍惜牠為你的犧牲。尤其在食材取得如此不易的山區，這個感受更為深刻。

當大家吃完今天的早餐，頭腦比較可以運轉後，教官來跟我商量，他看到我們餓得這麼痛苦，熱量不足而全身發抖（其實我們也才餓幾小時就快不行了，可見嬌生慣養的城市人真的不耐餓），他們開會討論，決定解除野外求生這麼困難的課題，改成先給我們一些基本的熱量，才能有體力去上接下來的課程。

於是他送我們兩條鹹魚、一塊鹹豬肉，還有花生和菜脯，我們立刻削竹子煮了竹筒飯配花生，我的天啊，我從來不知道白飯配花生是這麼美味的東西。

大家忙了一個上午，也不過就是為了吃早午兩餐，就已經感到筋疲力盡；教官卻沒放過我們的意思，馬上開始下午的課程，他教我們如何用魚網捕魚跟製作陷阱。陷阱要等好幾天才有可能抓到獵物，但魚網卻可以快速捕到我們的晚餐。

我們補了一整個下午，抓到了三十幾尾的小魚，興奮地把所有的魚拿去煮魚湯。

But！人生最浪費的就是這個 But！

我們後來發現我們根本吃不完，大家努力地吃到很撐，就是吃不完。若是在城市裡，你根本不會覺得可惜，可是當你在下一餐沒有著落的野外，這時你才會發現分配食材有多麼重要。

我們當下都很後悔，這些沒有吃完的魚都白白犧牲了牠們的生命，只因為我們都市人平時浪費食材的壞習慣。這是很難說清楚的感覺，明明你沒有花一毛錢，但卻像是被誰搶劫。

天色漸暗，蛙鳴響起，我跟佐嘉和小黃，決定去抓青蛙，為明天的早餐食材做準備。有了獵人的指引，我們在一個小時內抓了很多青蛙，多到我們吃不完。人要從錯誤中學習，出於對食物的尊重，我們決定放生掉一半的青蛙。我想，這是我們學到最重要的課程。

親自跟大自然、跟飢餓感搏鬥了一天，活下來的我，決定一回公司就推出新政策：

只要員工被發現便當內有剩菜剩飯等浪費食物的行為，累計滿三次，即贈送花蓮野外求生課程一次。

這是個好政策對不對?!

野外求生第三天

今天是大家最期待的一天，因為我們終於可以回到文明世界了。可是說真的，雖然溪邊的沙灘濕氣很重，晚上常常會睡到覺得背部又硬又冷，但卻能放下一切煩惱（除了肚子餓啦，這也是一種煩惱）。在這裡，你不會想到營業額跟KPI，只能專注在當下，想辦法活著。宗佑說他連續三天完全沒有想過研發的事，廠長文豐竟然連續睡十二小時，他已經好久沒睡那麼長那麼安穩的覺了。除了工程師小黃，他睡到一半做惡夢夢到公司官網沒有他而當機。但其實，他在的時候，也會當機……

這群夥伴都太工作狂了，所以說我真的不是任性而是貼心，我是強迫他們來大自然放空充電啊。

我們雖然是經營團隊的核心，但是公司沒有我們依然可以運轉，這是我想傳遞給大家的訊息：沒有人是無法被取代的。工作上，感情上，都是。你是獨一無二，但同時也很渺小。

最後在拔營的時候，我在附近看到二、三個大垃圾袋，裝滿了啤酒罐跟人為垃圾，跟這塊淨土形成了強烈的對比，我很好奇是誰把垃圾留在這裡？教官看了看，說只有像他這種等級的獵人，或是熟門熟路的原住民，才進得來這裡，很遺憾的是，「並不是每個人都能從自然中學到敬意」。

我平時並不是一個會主動做環保的人，我總覺得有點矯情。但是跟大自然相處了三天，人就會不小心變得有公德心，於是我脫口而出跟教官提議說：「反正我們有十四個人，大家分擔重量一人背一袋把這些垃圾背下山好不好？」我不知道我怎麼了，竟然有股責任感油然而生，想要維護這塊清淨地。

「這是非常好的觀念，如果每個人都可以像你們這樣就好了。」教官有點訝異，這群兩天吃不飽睡不好的人竟然主動要提高自己下山的難度，刮目相看啊。於是我們就一人背一袋垃圾下山，原先的野外求生團不知怎麼變成了淨山童子軍。這真是太冤枉了，啤酒一口都沒喝到，倒是背了一堆空罐下山。

下山之後回顧這次經驗，我們真的學到很多好習慣，像是回到物質豐裕的文明世界後，在餐廳只點自己吃得下的食物，絕對不浪費。而從團隊的角度看，過去三天，我們展現出互信與包容，從來沒有因為營地組蓋不好帳篷，或是升火組無法升火，還是狩獵組抓不到夠多食物，而互相指責。我們反而在這艱難時刻，互相扶持一起收包，就像我們平常在公司每天解決問題一樣有默契。

當然也有可能是大家還不夠餓，還沒露出人性的黑暗面啦，哈哈。

身為執行長，我相信主管層級越高，越要了解自己能力的限制，讓夥伴們自己去執行跟體驗才能有成長的空間，才越能當責。

在這野外求生團裡我也是菜鳥，我什麼都做不好，但我深信我做對的一件事，就是把正確的夥伴們都拉進來，還找了最優秀的教練團。就如同我在建立經營團隊一樣，我相信我的眼光。我相信我所打造的團隊，能夠被挫折洗禮，但沒有人臨陣脫逃，每個人都了解自己的不足，願意謙卑學習。我也相信，只有這樣的團隊，才能操持一個有靈魂的品牌。

一個品牌在發展在成長，必須要足夠勇敢，多次跳脫舒適圈，這點相信跟著我們一路升級的粉絲們最了解。所以我認為，儘管這不是一次成功的野外求生，但卻是一次完整的 team building。

我覺得，身為企業家最大的責任，就是堅持做對的事。要善用自己的影響力回饋社會。

原本規畫的是野外求生，所以我們根本沒帶任何東西上山，反而到最後變成了淨山活動，帶了一堆垃圾下山。因為這塊最後的淨土是一般交通工具無法到達的地方，只能靠我們徒步背回去。教官不斷提醒我們要綁好，才不會被急流連人帶垃圾一起沖走。

這次探險就像是打 RPG 電動一樣，要有不同的職業才能組成一個隊伍，除了我們佐見啦生技公司的勇者以外，我們還有鹽埕華陀張醫師，有生物學家兼廚師的張佐嘉，有建築設計師朱志康，有鼓手江世琦，有第一晚就失溫的職業網球選手王宇佐，有 WiFi 業者黑犬，雖然我自己能力不足，但是很幸運能找到對的夥伴跟教官，一起完成這個永生難忘的體驗。

Rebranding 品牌重塑

野外求生回來後，要立刻面臨的是原本生命中的亂流，但此時我們的心態變得更樂觀了，因為我們在山中沒有太多資源，靠吃青蛙都可以活下來了，日常生活還有什麼可以難得倒我們的。

交接工廠是一件很麻煩的事情，通常都要長達半年以上，但我們的團隊很堅強，我們在一個半月內就完成。遇到這樣的逆境，我們才發現幽默感跟樂觀是我們面對挑戰最大的武器。

我們的樂觀是早有準備，因為我們早在二年前就發現我們的品牌出了問題，必須做大量的整理。

我們在海外的販售代理商高達二十五個國家，但品牌定位明顯出了問題，產品品項太雜亂，跟各國包裝設計落差太大，在光鮮亮麗的營業額背後，我們看到了潛在的品牌危機。於是我們大刀闊斧刪減了百分之八十的產品品項，首次以品牌正名後的「提提研」為名參展，並且以成分升級的產品和更清晰有質感的設計重新出發。

參展這麼多年，我們第一次感受到設計的力量與品牌美學的重要性。我還記得頭幾年參展時，我們會追在客人背後懇求對方的名片，而物換星移，當我們做完品牌設計的 Rebranding 之後，卻是首次有四到五個來自北歐、比利時和日本的頂級優質通路，主動希望能夠跟我們合作。我們才知道，原來頂級通路尋找的一直都是優質的產品，但是優質的商品比比皆是，來參展的沒有人會說自己的商品不好。於是在上千個展位中，他們只能用品牌提供的視覺體驗來篩選。

這個品牌如何定位自己？又如何傳達自己的定位？它和競品的差異在哪裡？它是否能夠維持一致性？上述這些要如何說得清楚呢？

我們在學習做品牌的這條路上，學到最重要的是位階的哲學。以品牌管理來說，最高到最低的位階排序是：品牌層級→系列層級→產品層級。在這三個位階中，品牌最高，產品最低。所以在開發產品的過程中，所有的產品必須 top-down

由上往下，遵循 Brand Identity（品牌識別系統）一致性的開發。

雖然產品在位階的最底層，但不代表產品不重要，因為消費者是透過「產品」來了解「品牌」的。如果你要塑造一個長久的品牌，你必須非常清楚你的品牌核心價值是什麼？有什麼願景，甚至是什麼個性？但這些東西都非常「形而上」，不容易理解，必須透過具體的產品來理解。所以，當你的產品線各自為政，更糟的狀況是違背品牌的核心價值，那就非常糟糕了。你的品牌會看起來一片模糊、越長越歪。橫看成嶺側成峰，每個人看都不同。

我們以前並不懂這一點。我們也犯過錯，過去的開發邏輯是 bottom-up（由下往上）的產品導向，會依每年流行的趨勢而開發產品。但卻沒有顧慮到新產品跟既有的產品是否有一致性、品項是否重疊，也沒有考慮到包裝設計是否依循品牌識別系統。應該說，我們以前根本不知道有品牌識別系統這件事的存在，直到越來越深入歐洲市場，才發現以一介台灣品牌，我們的認知還不足以跟那些玩了幾百年的品牌前輩競爭，必須回頭好好準備，才有本錢競爭。

經營品牌就好比管理花園，雜草與繁花並開；識別系統這些都是修剪工具，但我必須說，並非手上握有工具就能飛天，但沒有工具也不勤加打理，花園必定頹圮。

我們的花園最近打理得還不錯，面貌也越來越清晰有力。

其實做品牌不難，只要堅持做對的事就可以了，但這個世界上能夠堅持做對的事情的人並不多。不理性不是隨便說說，堅持是要付出代價的，而我們付出了七成的營業額作為代價。

通常一家公司的營收是靠著產品的品項／SKU而堆疊起來的。當我們產品的品項刪到只剩下百分之二十時，隨之而來的是營業額也應聲下滑到只剩下原本的百分之三十。

是什麼讓我下這麼激進的決定？是我腦袋燒壞嗎？

會讓我下這個決定的原因是，在網路電商以及實體通路取得成功之後，我並不滿意，反而開始反省提提研的缺點還有太多，面對台灣擅長削價競爭的市場、品味越來越高的消費者、國外行銷預算無上限的品牌航空母艦，我們必須進行品牌重塑才能存活下去。所以我們請來了專業的品牌顧問團隊，密集的輔導我們。

品牌重塑不只是換換商品包裝、換換logo這麼簡單，其中最重要的關鍵是刪減品項，讓品牌更清晰。而偏偏這一點，是所有企業主的痛處，大家都不太敢去碰，所以才會出現「台灣人不太會做品牌」的謠言。

但這件事很正常也很符合人性，在企業的成長過程中，會不斷開發新產品，而且通常是開發新品的速度會快於淘汰舊品的速度。但，一旦開發部門沒有核心理念地開發新產品，設計也沒有一致性時，長時間累積下來，產品的品項會讓人眼花撩亂。不只是庫存管理上變得複雜，品牌定位也會變得模糊。

為了讓品牌定位明確，我們重新定位提提研是「#國際級面膜專家」，所以我們先把全部非面膜的品項都刪除（像是膠囊、精華液、洗臉霜、手工皂、乳霜），即便這些是受歡迎的產品，但他們跟品牌的定位不符合，所以不適合放在提提研品牌底下。接下來我們做了更大膽的決定，把功能重疊的產品刪除，只留下能給消費者最好體驗的產品。於是最後，我們竟然從五十個產品刪減到只剩十個，但我們專注把敷感體驗要求一定要有「安心感」、「舒適感」跟「驚豔感」。

這就是做品牌的取捨，當我們失去了過多的產品品項與營業額，我們卻得到了清晰的品牌。當我們把保留下來的品項做了內容升級和包裝重整，並且重新再上架時，我們驚喜地發現，原來只要聚焦在百分之二十的品項，就可以達到事半功倍的效果，業績很快就回到原本的水準。

如果你個人面對取捨的難關，希望這本書可以給你一些勇氣。

其實這幾年來**我們過得很不容易，但我們過得很好**，我們要翻轉品牌的原因，是因為TTM這個品牌值得一個更清晰更有質感的正式中文名：提提研。

在人生的道路中，我們會遇到各式各樣的選擇，我們想要翻轉品牌是因為我們想要做的是長遠事業。戀家小舖創辦人李忠儒在他的文章寫過：「做生意跟做事業，很多人以為是相同的東西，其實二者差別很大，做生意只要你頭腦夠靈活，膽子夠大，賺錢其實是一件很容易的事。可是經營事業就完全不一樣了。做事業你首先要對得起自己的良心，對得起社會大眾。」我當時讀到他寫的這段文字，有感到共鳴。我心中有個理想，我想在短暫的人生活出一個典範，是可以對後人產生正面影響的。

所以在保養品事業這條路上，我們選擇不做低成本低品質的紅海市場，在堅持品質必須不斷提升的這條路上，我們遇到很多挫折，我們夫妻背負的壓力是在產品品項刪減的過程中，營收下滑只剩三成，卻決定抵押全部身家財產投資品牌跟研發。

於是我們為了一片面膜，蓋出了保養品的最高殿堂。

我們失去了工廠，卻蓋回了殿堂

二〇一七年初我們釐清了自己，決定與岳父的家族分開，各做各的；在最艱苦的時刻，我們失去工廠，同時又得重新 Rebranding 品牌，在腹背受困的情況下，我們卻勇於投資，想要蓋出一個台灣探索保養品最高標準的第一殿堂——佐研院，這樣的綠建築（成本是一般建築的三倍，也是我們當時資本額的三倍）。

一般廠商的思維是，既然消費者看不到生產環境，就用最省成本的方法蓋鐵皮屋工廠。但我們卻不這樣認為，我們想要還給製造業一個尊嚴。就算是消費者看不到，但我們卻堅持在每一個製造細節，不只是品質，而是連生產環境都要在乎美學。

殿堂的概念聽起來超越一般人的想像，但它其實一點也不抽象，它把生產、研發、檢驗、品牌、美學全部融合在一起，成為了一個獨一無二的存在。

花了三年的時間，好不容易終於在二〇一九年十一月佐研院完工了，但卻發現屋頂因為營造廠跟設計師溝通不良的關係，做出了一個有防水功能的屋頂，但卻沒有設計師所要求的那種俐落的感覺（落差十五公分的厚度），但這時我們為了蓋這間佐研院已經空燒三年了。

這時面臨一個決定，一個是重蓋，又要多花好幾個月的時間；另一個就是得過且過，快點開工，才能開始讓它賺錢回本。

此時身為老闆，我感到很焦慮，沒有同行蓋保養品工廠像我們空燒三年那麼長的，如今面對又要再多空燒半年，相信只要你是老闆，大部分情況下都會妥協，讓工廠能快點營運。但此時設計師朱志康卻找我面談好幾次，他非常希望我能走完最後一哩路，也就是說，他希望我把屋頂拆掉重蓋，但他當然同時也很能理解我為了蓋這座殿堂而貸款好幾億的痛苦。

當時我面臨天人交戰，每天失眠都在想這件事。此時朱志康對我做了一次很深入的對談。他問我：「你們公司的企業文化是什麼？」哎～～我當然知道啊，他這題明顯就是個陷阱題，因為他跟我太熟，他太了解我想打造的企業文化。人家這樣的直球對決，我也無法再閃避問題的核心，只好正面回應他：「當然是不斷進步，探索更好的可能。」我訕訕的回答，覺得自己很心虛，心口不一致。

「那你們既然都已經做到九十九分了，更是要把最後一分做完。」朱志康窮追猛打的繼續講下去。我不等他說完，揮揮手，叫他不要再說了。「我知道了，我知道了，就拆吧！屋頂就把它全拆吧，反正都已經空燒了三年，頭都已經洗下去了，就再多燒半年把它給做好吧。」我感概的說，因為我從彼此的對話中，更了解到自己在乎的價值觀是挑戰更好的可能。

因為我們了解細節，所以我們想要透過保養品跟面膜讓大家知道，我們想做的不是「將就」，而是「講究」。

我們並沒有因為自有品牌上架歐洲貴婦百貨而覺得自滿，反而把在歐洲學到的經驗，搭配台灣人在精工製造業的細節要求，達到了東西合併的完全融合。

當我聽到自己內心的聲音想要這麼做時，我也放下了不安，因為我知道我的下一步該怎麼做。於是我們決定拆掉屋頂，重新蓋出很細緻的屋頂。而這樣的決定，讓我們佐研院成為唯一一間得到世界五大建築大獎的台灣保養品工廠，同時也因為得到了 WAF 綠建築獎，讓我們日後去申請 RE100 會員認證時可以順利合格，跟日後的減碳企業前五十。這些對細節堅持的理念都是相輔相成，讓我們可以做到不容易達成的事。

只是我當時並不知道，花了半年重新蓋好的屋頂，終於要正式營運時，卻剛好遇上了百年一遇的 COVID-19 疫情，原本要邀請的國際品牌的代工客戶都因此無法來高雄稽核我們的保養品殿堂，於是無法達成合作關係，而且還是長達三年都無法來高雄。

這跟我原本心中計畫的藍圖完全不一樣，花了這麼多心血跟成本而蓋的保養品殿堂，卻因為疫情而無法為我們帶來更多的國際合作，反而讓我們陷入了一個辛苦經營的循環。起初我對此感到很焦慮，但我感謝過去的苦難給了我們團隊很多的養分，我們每次總是能化險為夷，因為我內心總是有一種知道如何面對困境的自信。

我們很幸運撐過了疫情。

我們落入了人生最低潮，一切要重新來過，就連品牌也是砍掉重練。但我們勇於投資未來。

我們過得不容易，但我們過得很好。

當時我們失去了工廠，如今卻蓋回了殿堂。

我們雖然是最小的種子，但卻擁有最強大的心臟。如今我們可以跟大家說，我們用生命活出這句話：「**不懂妥協，才能改寫標準。**」

番外／

往內走，蓋出全台灣最漂亮的漫畫書店

二〇一八年，雖然我們同時在燒錢做提提研品牌提升跟蓋新的保養品殿堂佐研院，但我們還想把自己的漫畫書店「BOOKING」這個副業也一起作提升。

早在二〇一八年前我們夫妻就對 BOOKING 的狀況不是很滿意，它是賺錢沒錯，但其實是靠賣提提研面膜賺錢去填補書店的虧損，它並不是靠書店本身的營收賺錢。當然，你可以為書店這個夕陽產業辯解「書店本來就不會賺錢」來安慰自己。

以經營的角度來看這件事，其實我只要開一個小小的店面，請一個員工，只賣面膜，就是穩賺的生意。畢竟我已經開了十年的書店，不需要再跟任何人證明我有圓夢的能力，更何況，人生還有很多其他可以追求的美好事物，不必一直把自己局限在這間小書店。

以時間成本來看，我們也是耗了很多的能量在一個完全不會賺錢的文化產業。如果以賺錢的角度來看，這是一個很不划算的時間投資，畢竟時間是最重要的資源。

以上是我跟小啦當時每天傍晚散步時會談到的內容。到底該不該放棄BOOKING，讓它步入歷史，成為回憶。

最後還是感性戰勝了理性，我們決定再給它第三次機會。最主要的原因是我感激它在我歷經人生最谷底時，給了我力量走下去。我在那段期間閱讀了大量二戰難民的苦難故事跟北韓「脫北者」的傳記，從中得到了慰藉，安慰自己至少還有自由意志跟健康的身體來給自己博鬥的機會，讓我用不同的眼光去看待我的人生。

人生中所擁有的任何東西都是短暫擁有，只有智慧能帶給人長久的喜悅。所以我想要把我生命中最重要的資產，那就是這間書店，再重新開放給大家，但這次卻是用我們想要的方式。以前無知也就算了，但現在的我們知道如何可以更好，所以無法忍受自己不用更好的方式來面對大家。

十年前剛創立時，我們不懂美學，不懂室內設計，只是呆呆學其他租書店的裝漬去做。廚房跟餐飲也是用土法煉鋼的方式自己摸索，像補丁一樣，缺什麼補什麼，補到後來變成了四不像。但這十年來，我們學習到了如何做品牌，學習到了一致性的細節。我們更了解自己想要的核心價值是什麼，什麼才是真正適合我們的模樣。

於是我們找了朱志康，當時他正在幫我們規劃佐研院的設計。朱志康只喜歡做有趣的東西，太無聊的案子他不接。他問了我：「十年前圓夢的初衷是什麼？」

「是全台灣最酷的漫畫店，因為我真的很愛漫畫。」我回答。

「那我們就讓 BOOKING 回到原本漫畫店該有的模樣，以漫畫為主體，讓它真的成為全台灣最酷的漫畫店。」

就這樣拍板定案。

我們花了半年討論設計細節，再花了三個月施工，把整個 BOOKING 打掉重練，連樓梯的方向也轉了方向（重新評估了結構力學，在其他地方加強結構，確保整棟房子不會因此倒塌），才能讓視覺更有穿透性。廚房也全部打掉重練，因為我們想要提供更好的餐點。

做了這麼多，只是為了顛覆一般人對漫畫店的想像。我們想讓大家反思，「為什麼看漫畫不能也是件很潮的事？」

我有很多知識都是靠漫畫取得的，甚至可以說，如果沒有漫畫，或許我今天就會忘記怎麼讀寫中文了（因為我十三歲就移民澳洲，當時可是靠著大量的《少年快報》才能持續閱讀中文）。

做這一切，也是為了感謝漫畫為我的生命帶來的美好，所以我希望可以用更好的方式呈現漫畫店給下一代。

對現在的我來說，這間店早已不再是圓夢，而是回饋社會。分享好事比賺錢還更能帶給我心靈上的滿足感。好的事物，光是不要讓它消失就很難，所以現在我的心境是從原本挑戰「好玩的事」轉化成持續做「好事」，明知維持漫畫店的永續存活是很耗能量的事，但還是心甘情願想把這件美好的事物傳承分享給更多人。

用漫畫來革命：法式料理達人的台式泡麵

在思考 BOOKING 漫畫店的品牌體驗時，「獲得全球最美書店的設計師」朱志康問我：「你小時候看漫畫時，覺得有什麼回憶是讓你永生難忘的？」

「泡麵！看漫畫當然一定要吃泡麵！」我想都沒想的直覺反應。

那一碗漫畫店阿姨泡出來，味道超級重的蔥燒牛肉麵或是統一肉燥麵，是童年時期的重要回憶，也是我十三歲移民國外後，最想念的台灣味道。

「這太酷了！沒錯！我們一定要有泡麵！」朱志康跟我一想到在設計這麼時尚的漫畫店，竟然吃的食物是台式泡麵的那種反差畫面，二人就很興奮的科科科笑了出來。這跟我們想要做的事「用漫畫來革命」非常吻合，完整的漫畫體驗一定要有泡麵才對，這樣才能重現童年回憶。

既然決定要有泡麵，我就把腦筋動到了高雄最強的法式料理主廚，簡天才師傅。於是我那陣子幾乎天天都去 LA ONE Kitchen 吃午餐，等簡師傅上鈎。

果然，沒幾天，獵物自己上門了。

「Hi John，最近好嗎？」簡師父拉開座椅坐下來，親切的問候我，不知道陷阱已經設好在等他。我們聊了一下他最近電商經營的細節，我誇獎他：「簡師父，我覺得你真的很厲害耶，開了那麼多餐廳，還有勇氣嘗試做電商。」

「沒有啦，電商我還有很多要跟 John 你請教。」簡師父謙虛地說，不知道他已經一步步走向我的圈套，我只要一開始狂誇獎某人，就是要對他出手了。

「簡師父，我一直很欣賞你一直在挑戰自己，那你想不想接下我們 BOOKING 鎮店之寶的研發？」

「是什麼？」他快上鈎了。

「簡師父，你會吃泡麵那種不健康的東西嗎？」

「會啊，只是我不會用他們的調味包，我只用裡面的麵搭配我自己用大骨熬煮的高湯。」

哇，聽起來就很厲害，怎麼會有人平常的興趣就是在家裡熬湯，但是看來他就是我們想要的人選了。

「我想要你幫我們設計出一碗可以回到童年回憶的泡麵味道，但又還要很健康。這題是不是很難！」去拜託一個法式料理達人做出一碗健康的台式泡麵，根本就是個神經病的請求。

「沒有問題，我來試試看。」簡師傅聽了我們的請求後，不但沒有拒絕，反而覺得這個挑戰很有趣。

簡師傅並不覺得料理有貴賤之分，他自己在家也是會煮一大鍋魯肉來配飯或麵。

這段研發期間我跟簡師傅經常互通簡訊跟電話，我們希望他這碗泡麵能像我們提提研面膜一樣，材料都是有生產履歷（等於是歐盟化妝品法規的PIF），讓每個人吃了都能安心。

我希望這碗泡麵要跟提提研面膜開發邏輯的三個核心價值一樣：安心感，舒適感，以及驚豔感。

一個月後，時間來到了第一次去LA ONE試泡麵的時刻，其實第一次試吃已經是很好吃了，但我就是覺得不對勁，而且說不出哪裡不對勁。我們連續試吃了好幾碗，看著簡師傅一直辛苦的從廚房端出來熱氣騰騰的泡麵。

看到熱氣騰騰，我們才猛然大悟！啊！原來這並不是一碗泡麵！這是簡師傅從廚房煮出來的，並不是用泡的！

我們很任性的希望這碗麵一定要用泡的，而且一定要有蓋子蓋住，讓客人自己掀蓋，才是真正的泡麵。一定要有等待的感覺，才是完整的泡麵體驗！

簡師傅被我們這群任性的漫畫宅打槍不但沒有生氣，反而燃起了他的挑戰欲望，他叫我們再等一個禮拜再回來找他，他要嘗試不同的做法。

第二次試吃，真的是用泡的，蓋子也有了，但掀開蓋子後，卻沒有撲鼻而來的香味（畢竟沒有使用一般泡麵的調味包），於是我們又打槍了簡師傅第二次，用下跪的方式拜託他千萬不要放棄我們，因為已經快接近了。

我已經忘了我們試吃了幾碗泡麵後才終於達到現在的最終版本，但我印象最深刻的是，每次試吃，我們都是把整碗湯喝光光，而且都不會口乾舌燥脖子緊縮，這是我們覺得最神奇的地方。問了簡師傅才知道，原來他是用大骨熬六小時的高湯再加上他獨家的油蔥酥來取代一般泡麵的調味包。才能達到跟我們提提研開發邏輯一樣的概念，同時有三感共構的「安心感，舒適感，驚豔感」。

我們聽了很感動，簡師傅把做法式料理的精神投入在這碗泡麵上，並沒有因為我們無理取鬧的要求而放棄，而且還覺得這整個過程很有挑戰性。

我們最後把這碗泡麵控制到，端到你桌上時，你必須得乖乖的等沙漏漏完，才能掀開蓋子吃這碗泡麵。這時再搭配一本手上的漫畫，這樣的儀式感才是完整的BOOKING體驗。

泡麵好不容易研發成功後，我們本來打算做一個很極端的做法，極端到在BOOKING只提供泡麵，不能有任何的其他食物。因為這樣才是做品牌所追求的極致精神。但是經驗豐富的簡師傅勸我們千萬不要這樣做，因為不是每個人都想吃泡麵，所以我們才請他也順便幫忙設計其他的菜單。雖然這些也是非常好吃的食物，但我對於自己無法任性的跟每個客人說「不好意思，你來 BOOKING 只能吃泡麵」感到有點遺憾。

所以我還是希望大家來 BOOKING 至少一定要嘗試一次這碗讓你回憶童年的泡麵。如果你不喜歡吃法式祕製牛腱心泡麵的話，我們也有主廚珍品海味泡麵。

沒有品牌忠誠，只有對自己的品味忠誠這件事

你的人生對成功的定義是什麼？是賺錢的數字？還是接受真正的自己？但是你真的了解你自己想要什麼嗎？

如果你有能力選擇做不那麼賺錢的書店或是超賺錢的面膜店，你會做什麼選擇？你會有勇氣破壞既有穩賺錢的商業模式，讓自己走上一條更內外一致的生活模式嗎？

我開漫畫書店的一開始賠了四年，直到二〇一四年開始在漫畫店賣面膜後才開

始賺錢。但是我跟我老婆小啦卻漸漸不喜歡這個吵鬧的店，因為它已經漸漸不像我一開始想要打造的夢想書店的模樣。雖然賺錢很重要，但這真的是我想留給我的孩子的印象嗎？我不想讓我的孩子覺得爸爸只是一個很會賣面膜的商人，我自己也覺得我可以更進步。

當我在二〇一七年底首次跟高雄設計節的設計師朋友們合作時，我們把整間店的書擺在地上，用不同的色塊在地板上拼湊出不同的樣貌，讓客人可以用不同的方式體驗書的觸感。那一刻我就知道，我可以勇於為自己、為書店做出改變。

我選擇留下一個 legacy 給我的後代。Legacy 指的並不是遺產，而是一個精神財富。

我知道我有能力更進步，因為這個時候所認識的人脈跟資源，再加上我身上所累積的智慧跟勇氣，能讓我做出來的事是可以讓我更進步時，我就會想去試看看。更進步所代表的並不是賺更多錢，而是讓自己處在一個更內外一致的狀態，知道這就是自己現在最舒服的模樣，並且安然去接受這樣的現況。

而這並不全然是曲高和寡的路線。在學做品牌的過程中，我發現在未來的世代，消費者對品牌的忠誠度只會越來越低，因為有太多不同的品牌一直在出現，而消費者是喜新厭舊的。但，只有一件事是永遠不會改變的!!那就是消費者對自己的lifestyle品味的忠誠。今天如果你是個環保意識很強的人，你肯定會被任何跟環保、永續的題材或產品所吸引，不管是哪個品牌所推出的。今天如果你是一個喜歡炫富的人，那只要新開了一家最貴的餐廳或飯店，或者新出了一款名牌包或新車，你就一定會去買來炫耀（於是這也認證了沒有品牌忠誠這件事，只有對自己的品味忠誠這件事）。

所以在做品牌事業時，你一定要很了解你的TA目標族群是什麼樣的生活品味，而身為經營者，更要表現出你的生活品味跟你獨特的人生思維。我很清楚了解自己的生活lifestyle的核心思維是一直不斷的進步跟學習，所以我想要吸引的客人也是一群不斷想要進步的人，這樣一來，新設計的BOOKING漫畫店的風格，雖然無法再像以前那樣靠著賣平價面膜吸引大量人潮，但卻吸引到一群有質感的小眾客群，是跟我氣質相同，在乎生活體驗，尊重美學細節的客人。

這就是我最舒服自在的現況。

輯二

中年轉化之旅

在蓋書店的同時，我們也在蓋佐研院這座殿堂，外人看來好似強大的樂觀背後，其實當時我的內心還是會擔心。為了蓋這座頂級的保養品殿堂，我要求團隊一直不斷要把營業額做更高，銀行才肯持續借資金讓我們投資未來。

所以我們一直不斷的在做活動銷售，雖然在短期內做到了銀行要求的營業額成長，但也給這個品牌埋下了警訊。消費者出於對我們品質的信任，買了大量的面膜但卻消化不了；今年買了，到了隔年，就算我們的折扣再如何下殺，他們卻是再也買不下手了。這是我們面對的一個難題，但我們仍然想辦法在活動檔期的頻率上做了改善，最後讓公司走上了好的正軌。

於此同時，我的身體也開始出了狀況，原本引以為傲的健康身體開始出現警訊。因為長期的工作壓力，我的頸肩變得很容易僵硬，需要靠按摩舒緩，但無論怎麼樣的按摩都沒有用，頸部就像是埋了定時炸彈一樣，隨時都有可能動不了。頸上加霜的是，我的胃也像是個地雷一樣，只要食物一不小心吃太多，就會胃部痛到全身冒冷汗，嚴重時甚至還會暈倒。

這時我才發現，正當我想要打拼事業的第二春時，我的身體已經不允許我再像年輕時那樣操壞自己的身體了。

我不知道我怎麼了，好像是遇到大家口中所謂的中年危機？但幸運的是，此時我遇到了很棒的轉機，幫助我把中年危機轉化為一個美好的旅程，讓我度過了一個不一樣的中年之旅。

內觀對我的幫助

接觸內觀

二〇一七年遇到家族亂流時，當時以為自己可以輕易克服這個亂流。沒想到這一亂就讓我們長達五年處在現金流很辛苦的階段。

我在最意氣風發的時候被瞬間打下谷底，當時心態一下子調整不過來，甚至內心還會有慎恨。但我畢竟還是有過往的自我驕傲，出於不願服輸的心態，我更努力想要成功，想要再次回到巔峰，想要營造出成功的形象。因此我每天在辛苦工作之餘，還把自己剩下的時間都排得滿滿的：健身，各式各樣的運動，寫大量的文章跟粉絲互動拉抬社群觸及率……每天都只睡很少的時間，雙眼總是布滿血絲，卻還認為自己很會利用時間。

這個時候，我的人生走到四十歲了，我開始發現自己連笑容都變得有點勉強了，發現自己其實已經開始力不從心。四十歲之前，肌肉有練我就有，到了四十歲之後，靠著力量打拼來的世界，我漸漸有點應付不來了，雖然還是有肌肉，但身體已經慢慢出了狀況。我的身體病痛越來越多，我開始失眠、落枕、易怒，臉上的笑容漸漸消失；我開始漸漸沒那麼開心了。

夫妻關係也變得緊張，跟小孩之間也變得容易暴怒，容易焦慮。

我開始覺得，當老闆真的壓力很大，真的很痛苦。每個月要追營業額，只為了努力付得起員工薪水跟工廠的固定支出。當時我覺得好累，好像用盡了百分之一百二十的力氣也無法改變局勢。每天總是睡眠不足，帶著充滿血絲的眼球上班，回應著永遠回不完的工作。我覺得自己的人生一點也不好玩，我開始變得厭世。

就在這個時候，老天爺給了我一個禮物。

在我身體最痛苦的時期，我常去印茼 spa 療癒自己，當時印茼館長陳美智跟我說，她要去六龜的山裡面練習十天的內觀課程。我好奇問她什麼是內觀？

「你在十天內無法說話，每天過午不食，只能每天持續打坐十幾個小時跟自己相處。」她說，「如果你去了這個地方，那將會是你人生最棒的旅程，你會帶回很多寶貴的禮物，會讓你成為更好的人。」

她的這幾句話引起了我的好奇。

「會是我人生最棒的旅程？怎麼可能？我可是環遊過世界的背包客咧。」我當時心裡OS。

我一向是個很喜歡挑戰極限運動的人，我好奇自己有沒有辦法克服每天長時間打坐跟自己相處；同時我的內在也有一個聲音告訴我，去試看看，搞不好會對自己易怒焦躁的脾氣有所幫助。

沒想到我第一趟去了內觀之後，發現這真的是一個很棒的方法，讓我可以重新跟自己連結，可以重新找回快樂。讓我用更包容的心態去看待發生在我生命中的事。

內觀的第一堂課：不再「付錢是大爺」

我一開始很懷疑內觀，只是一直坐在那邊打坐，真的可以幫助到我嗎？真的還有我沒有體驗過的東西嗎？我上網報名內觀才發現，原來這個課程這麼熱門，全部都額滿，最快的空檔得要等到三個月後才能報得進。於是我報了候補名額，想說一切隨緣；報名系統顯示我是候補第二位。

很幸運地，臨時有二個人取消（謝謝這二位），我就這樣被候補上。

於是我拋下了家人、員工還有我的手機，去深山體驗與自己身體對話的獨居生活。

報到的第一天，我被安排跟另一位學員住在一間簡單的獨立小屋（新生每二人住一間小屋）。我們是全體男性學員住在同一區，女性學員在另一區，中間有一條結界。在這十天內，男性學員不能接觸到女性學員，只有在大靜坐堂內觀打坐時才會在同一個空間。

這裡面的規矩很硬，除了不能說話以外，也不能與任何人眼神交會，因為他們要創造出一種與世隔絕的獨居者的感覺。所以我完全不記得跟我同居的室友長什麼樣子，對他的印象很模糊，主要也是因為他在第二天就放棄退出了。

每天清晨四點會敲鐘叫醒大家，然後四點半大家就會集合在靜坐堂集體打坐。我第一次去的季節是十二月初，深山的十二月初已經有點涼意。所以有不少學員都會帶著防寒的羽絨外套。行前指導書有清楚交代，不要穿會發出聲音的羽絨外套的材質，所以當我集中精神想要專注打坐時，旁邊的人穿的羽絨外套所發出的窸窸窣窣的聲音，在清晨寧靜的靜思堂顯得格外的刺耳，會讓好不容易進入冥想狀態的我被打醒，心中就會有一股無名火，很想罵人。

但！因為在內觀中心最重要的規矩是不可以開口說話，所以只能把心中的那股怒火給強壓下來，久了，那股怒氣也就會漸漸消失。

這就是我內觀學到的第一堂課。他們的課程設計得非常有智慧，全部十天的住宿飲食都是免費，新生沒有資格付錢，只有成功完成十天內觀課程的學員才有資格捐獻。因為他們想要讓新生去除掉自我的狂妄，新生在內觀中心所享用到的食物跟設備都是舊生所貢獻的。

當新學員無法付錢時，自然就沒有那種「付錢是大爺」的心態，只能乖乖的聽從中心的規矩；新學員的一切都是被施捨的，所以會收起自大，而變得謙卑。而這樣的「去除自我」，正是去除煩惱很重要的一個環節。在深山的十天，我學會了如何跟世俗的一切斷線，如此才能真正跟自己對話，才能了解什麼才是對自己最重要的。

我的世界觀改變了

在內觀中心，我每天從早到晚打坐，就只是觀察自己的呼吸跟身體的感受。

第一天，我的心靜不下來，因為我從來沒有接受過靜坐的訓練，而且一天下來要打坐十幾個小時，腰會很酸，腿會很麻。

第二天，我的肚子很餓，因為不習慣過午不食的生活。

第三天，我慢慢可以專心觀察到自己的呼吸。

第四天，我們開始被要求連續一個小時不換腿、不改變打坐姿勢來鍛練堅定的決心。這真的很難，身體的疼痛像排山倒海那樣的湧來，我才發現原來過去的我給自己的身體太多的操勞。但為了求生存，我願意往內走。

第五天，我每天都只睡二小時，我很焦慮自己怎麼會晚上都睡不著。

第七天，身體的疼痛慢慢減少了，我沒想到自己竟然可以得到寧靜跟快樂。

第八天，我才發現，我沒去過的最後一個世界是自己的本心。

第九天，我有個頓悟，原來我這麼辛苦。我流下慈悲的眼淚，我才發現原來我過去背了太多的武器。我發現，我背了那麼多武器也沒有特別開心。我經營公司的壓力已經夠大了，同時還要強迫自己去健身房再把更重的重量壓在身上，看起來身材好像很健美，其實是給自己額外的壓力，難怪身體撐不住了。我的身體告訴我，這種靠力量的外顯方式已經不再適合中年的我了。我的世界觀有些改變了。

第十天，我們開始練習慈悲觀，我突然領悟到，原來是自我的驕傲自大導致了老婆家庭的不和諧，我一直以為是自己的天才幫助了老婆的家族，讓他們家族可以藉由我所創造出來的品牌養分而賺了財富。其實我在打坐的極大痛苦中所悟到的竟然是我才是那個罪孽深重的人，因為出於「我最聰明，我最會賺錢」的優越感，我瞧不起小啦家族的其他成員們，讓小啦的家族感覺到不被尊重，所以才會無法有共識，而最後各走各的路。而且很神奇的是，我竟然可以放下對岳父的仇恨，我心中有一個清晰的畫面，是太太的家族和諧的聚在一起，她們父女一起內觀禪修的畫面。

第十一天，我離開了內觀中心，一打開手機就發現有上千個簡訊。我發現，沒有我，世界還是一樣在轉。但我，好像也有一點不同了。

回到俗世，我的內在空間好像變得更大、更慢了。

我想學習的東西，好像不是靠力量得來。

我開始用呼吸，用調節，用給出空間，去讓自己活得更好。

我覺知到自己生命現在的狀態。我覺知到我喜歡很平穩很自在的過生活，但我背後還有一百多個員工，我選擇還是盡到我的責任來支持他們，想辦法帶給他們更多的幸福生活。但面對這些責任的狀態我變得不太一樣了。我更能夠笑了，我不會再強擠出笑容，因為我的內在狀態是穩定而有空間的。

內觀讓自己用更省電的方式過人生

我想跟大家分享，我如何透過內觀滋養自己，讓自己只用百分之六十的力氣過生活。用更省電的方式過人生，才能走得更長遠。

二〇一九年年底，出發去內觀前的一個月，我已經開始訓練自己只吃素食的生活，我發現茹素的生活並沒有想像中的辛苦，反而還讓精神體力更好了。但是當聽到深山中的日子是過午不食這件事時，仍然讓我很擔心，我不太有把握自己是否能耐得了飢餓這件事。很怕自己餓死的我，在出發前買了很多堅果偷放在行李的暗袋內，暗自計畫如果半夜真的太餓的話，還可以補充一些熱量。老婆看到我偷帶了那麼多的堅果，還嘲笑我是松鼠嗎？只有松鼠才有辦法吃完十幾包的堅果。

進入深山的第一天，看完了入學指示，被分配完房間跟室友之後，交出了手機。一旦進入了他們的結界，我們就再也不能開口說話，一切只能照著每天的行程表，照表操課。

每天的行程表其實很簡單，卻也很難。

每天清晨四點會敲鐘叫醒全部學員們，四點半開始聚集在大會堂，進行長達二小時的打坐冥想，到六點半才可以去吃早餐。

我們有半小時的時間可以吃早餐跟水果，然後有一小時的空檔可以散步休息消化一下。種滿了樹的園區環境優美，空氣清新，視野可及中央山脈，是一個很舒適的獨居環境。

休息一小時之後，早上八點再繼續打坐，就跟我們上學一樣，每堂打坐五十五分鐘，就可以休息五分鐘舒緩一下筋骨，之後連續三堂課直到十一點為止，然後就可以去吃午餐。

午餐跟早餐一樣都很豐盛，除了沒有肉以外，以營養學的角度來看，是很用心的菜單，看得出是有精心設計過的，而且每餐的菜色都有變化。全素的食物其實比想像中的好吃，而且隨著每一天過去，只會覺得早餐跟午餐似乎變得越來越好吃，因為我們接下來十天會開始進入不能吃晚餐的日子。

沒錯，我們大家都要在早上十一點半之前吃完當天的最後一餐，真正做到了「過午不食」這件事。

午餐吃完後會午休到一點，然後我們就會從下午一點打坐到下午五點，連續四小時沒有間斷的練習。然後五點會提供簡單的檸檬水讓我們補充電解質，連水果都沒有。

晚上從六點會再打坐到九點才能終於結束一天的課程。一整天下來，扣除吃飯休息的時間，學員們可是得要扎實的打坐十二個小時。

於是我的室友在第一天結束後，就跟我揮手道別，他受不了這麼辛苦的日子，第二天一大早就決定放棄下山了，讓我在接下來的九天可以獨享寢室。獨享寢室代表著我可以光明正大的在寢室偷吃堅果跟午餐偷帶的香蕉，來犒賞自己沒有吃晚餐、餓得呱呱叫的肚子。

沒錯，第一天因為太怕自己餓死，所以午餐時我從食堂偷帶了二根香蕉藏在寢室，讓自己在半夜可以偷吃。我以為自己很會耍小聰明，午餐吃很多很多讓自己很撐，以為這樣晚上就不會餓，但其實這樣反而讓肚子更不舒服，會出現反胃的狀況。

日後漸漸發現，原來人是不需要吃那麼多食物的。

我偷偷的觀察其他的學長，發現他們是真的沒有偷水果帶回寢室，學長們的意志力是真的做得到過午不食。於是我隔天開始嘗試自己是否也能做到，第二天只偷帶了一顆蘋果當晚餐，第三天只吃了一半的香蕉當晚餐。

到了第四天，我也開始可以不用吃晚餐了。身體習慣了輕量的日子之後，就發現自己是被過去的框架給框住，才會認為自己的身體一定要照三餐進食，而且每餐都要吃飽。

以前還沒學會內觀的我，有時會因為不小心吃太飽，而有胃漲氣的問題。而這個胃漲氣問題到後期演變得越來越嚴重，常常肚子會痛到必須被送急診。但在深山內觀十天之後，現在的我可以很明確察覺到自己的腸胃狀況，讓自己在口慾這件事情上不那麼的貪婪。

當你開始能控制自己的口慾，不輕易被腸胃影響情緒時，你其實已經升級為一個更有智慧的人了。藉由控制食慾的身體修練，你會開始對人生的物慾也有了不一樣的看法。你會開始了解什麼才是對你人生最重要的，你會做出更有智慧的選擇。

你可以選擇讓自己撐飽，耗盡了全部的能量，全部的資訊都照單全收，並且在第一時間立刻全部回覆。又或是，你可以讓自己進入省電模式，只用百分之六十的力氣過日子，讓資訊源的子彈飛一陣子，讓它被消化過後，才選擇自己認為最重要的資訊去做出判斷。甚至會放棄某些賺更多錢的生意機會，只為了讓自己的人生更平衡發展。

二〇二〇年七月底，我們企業底下的品牌提提研跟佐研院在南港美容展包下了四十格攤位，舉辦了一個非常盛大的策展，讓品牌聲量再度揚起之後，我身心俱疲。

因為品牌聲量大起，私訊給我的合作案跟演講邀約不斷，但我拒絕了大部分的合作邀約，因為我內觀到自己的身體跟心境都出了狀況，以及親子關係沒有得到足夠的關懷。我察覺到自己無法消化那麼多事情。所以我選擇了讓自己斷電長達十天，第二次再去內觀中心好好的休息，思考什麼才是最重要的事，才能聚焦做出好的判斷，幫助自己企業面對疫情的下半場。

我們面對的是一場人生的馬拉松，我們都要學會配速，克制自己不要衝得太快，才能走得更長遠，並且把事情做得更好。

Pain is a gift 痛是禮物

身為企業經營者，每天很容易被大大小小的會議塞滿了時間，忙著做各式各樣的決策。但你有沒有想過，你所做的決策是否輕易被你的情緒而左右。

你是否曾經為了自尊而做出了錯誤的決定？因為衝動或焦慮而做出了急促的決定？

在尚未明朗化的未來，我都會先消化資訊，才能確保企業走得更長遠。而我就是靠著每天清晨跟傍晚靜坐一小時的好習慣，來讓自己的效率更好。

盤坐對大部分的人來說是很痛苦的事情，尤其是要長時間的盤坐。這是一般人聽到內觀每天要一小時一小時的不斷連續打坐十天，不敢參加的主要原因。

因為一般人不敢跳出舒適圈，不敢挑戰未知的領域。

進入六龜深山內觀之前，我也從來沒有參加過任何打坐或禪修的活動，我的髖關節的柔軟度無法讓我盤坐超過十五分鐘。第一次的一小時打坐，對我來說真的很痛苦，非常非常的痛苦。腰非常的酸，腿麻到不行，不停的更換坐姿，全身扭來扭去，就是無法舒緩身體上的不適。更不用說心理上的挑戰。

你是否有嘗試過連續打坐一小時的經驗？在那一個小時，你的思緒會一直不斷的跳動，這一秒想到工作，下一秒想到家庭，又或是悔恨著過去錯誤的決策，要不就是幻想著未來的夢想。

我們的思緒卻從來沒有好好的活在當下，感受當下這一刻。

內觀打坐的第一堂課就是要我們專心做好一件事，去感受自己的呼吸，去覺知自己的每一口吸氣，跟每一口吐氣。不要去想過去，不要去想未來，因為那是不可控的。

只有學會專注在當下，才是最重要的課題。

聽起來很簡單，不就是呼吸嘛？但請相信我，這一點也不簡單，內觀的前三天，老師沒有太多的講解，只會要求學生持續的觀察自己的呼吸，專心練習 Anapanna meditation 觀息法，藉由觀察自己的呼吸，讓自己的心境沉澱下來，不輕易被外來的事務干擾而情緒起伏。讓自己專注在當下的每一刻，不要想到過去，也不要思考未來，更不能打瞌睡。

對我們這種筋骨太硬的人，長時間的盤坐真的會讓身體產生很大的苦痛，根本無法打瞌睡，因為每一刻心情都很浮躁。

我們被要求對呼吸要有清晰的覺知，並且同時努力的跟身體當下的酸痛並存。跟痛苦一起並存的過程中，我才發現，原來痛苦是一種禮物。

Pain is a gift.

因為有了痛苦的覺知，才能讓我們可以感受到當下，讓我們深刻體驗到當下這一刻的感受是如此的清晰，而不是沉迷於過去的回憶或是幻想未來的可能。

對初學者來說，痛苦，讓身體打開了覺知的大門。

前三天我還無法真正的進入狀況，所以我總是會偷偷張開眼睛，觀察其他學員是否也像我一樣動來動去坐不住，我很快就發現，坐離老師最近、最前排的舊生（也就是師兄師姊），真的是可以坐到不動如山的境界，心中直呼不可思議，果然有練過真的有差。當然我也會偷瞄坐在我身邊的初學者，發現他們也都跟我一樣，腰酸腳麻不停的更換盤坐的姿勢，這時我的心中會得到一些慰藉，原來大家都跟我一樣痛苦。

每天都持續會有學員受不了這樣的苦痛而放棄退出，每次發現有人退出，就會更鼓勵自己一定要撐下去，才能證明自己的毅力異於常人。初學者的我，心中終究還是無法避免生起了與他人比較的心態。無我的境界離我果然太遙遠。

但專心打坐到了第三天，心已經漸漸平靜了下來，心思比較不會跳躍得那麼快，也不再那麼煩惱俗世的事情。從那一刻開始，我才開始發現自己原來還有自己不知道的那一面，原來我們的內在有那麼巨大的寶藏等著我們去發掘。那個寶藏就是覺知力，只有當你靜下心來，你才會發覺原來你的身體一直在跟你對話，藉由背痛、腰痛、心悸或是胃痛，來告訴我們身體的壓力源來自哪裡，但我們卻因為生活步調忙碌或是對欲望的追求過高，我們刻意忽略了它。也有人吃止痛藥壓抑住身體最真實的反饋，很多人因為身體痛，得到了憂鬱症，或許就是因為他們長期忽略身體上的痛苦。

我認為，我們身體對痛苦的覺知，是最大的禮物。當你的覺知能力被喚醒之後，你會輕易察覺到自己是否有活在當下，你的工作效率會大幅提高。你不只能覺知你當下的心境是焦慮或興奮，你也會察覺到身邊同事的心境，因此能做出更有同理心的判斷跟更冷靜的行為。

當你了解覺知才是身而為人最大的天賦時，你會更有意識的去運用這個技能在每日的生活作習中。感到焦慮時，會讓自己冷靜下來；感到疲勞時，會有意義的覺知，然後會要求自己先休息；感到喜悅時，會覺知這是難得的一刻，會讓自己好好沉浸享受在那短暫的喜悅中，直到喜悅淡去。

覺知是如此的重要，它讓我們的每一天都過得如此精彩有意義。

現在的我，就算從內觀中心回到俗世，依然保持每天打坐二小時的習慣，就是為了讓自己保有覺知的能力，才能更有效率的過著每一天。

所以我們都該用不同的眼光去看待痛苦，因為痛苦能讓我們活在當下。既然痛苦是人生中無法避免的，我們更該學會如何用更有智慧的方式，讓自己不遭受心靈上的煎熬。

答案就是平等心的修練。

平等心的修練

我常覺得創業者跟企業經營者的工作很不容易，因為要有眼光看到別人看不到的光芒，並且願意投資在很長遠的未來，想辦法讓公司存活下去，必須要承受著一般人無法想像的壓力跟責任。市場出現變動時，要有覺知的能力發現問題，並且勇於改變現況，想出新的策略跟大方向讓企業活下去，並且同時讓品牌對這個社會產生正面價值的貢獻。

當我看到公司升級後的新品牌聲勢再起時，演講跟採訪邀約不斷，但此時我已經不再像以前那樣自以為是了。很多人以為是挫折教會了我謙卑，其實在我身上不是這樣，挫折只會讓好勝心強的人在克服了障礙之後變得更有自信。

但是平等心的修練，反而讓我體會到一切都是無常的，勢態不會永遠一直好，所以遇到了好事或好運，不要太狂喜，反而要每天認真的把營運基本功打好。

所以我想跟大家分享我是如何在內觀中心的第四天開始學習到平等心。

在內觀中心，第四天開始才是真正的考驗，因為前三天只是觀察自己的呼吸，讓自己靜下心來不再煩惱俗世，第四天我們才開始學習內觀。內觀教學的細節我不多說，這個驚喜留給有興趣的讀者自己親自去體驗。我唯一可以透露的是，老師會開始要求學員挑戰連續一小時完全不可以更換打坐的姿勢，就算是腳麻了，還是不能改變坐姿。這個考驗叫作「堅定的靜坐」。

不改變坐姿連續打坐一小時有多難？相信我，這會是你這輩子所做過最艱難的挑戰。

熱愛各式各樣極限運動的我，一直認為自己的體力跟毅力過人，但我在那一小時「堅定的靜坐」所承受的苦痛，不管是身、心、靈上，都是我永生無法忘懷的經驗。一般人可以忍受到第三十～四十分，但真正的考驗是從第四十分鐘開始，當你被自己全身的重量壓著卻無法移動分毫來減輕壓力時，你才會發現原來你的身體有那麼多的毛病。

如果你的臀部肌肉平時沒有伸展拉筋，那你緊繃的臀肌會開始懲罰你，你的屁股會像是被火柱從下方往自己身上頂。如果你是平常久坐的上班族，沒有習慣作伸展大腿，那你的雙腿會痛到像是火在燒。

你會為了忍耐，全身緊繃的你會開始從大腿抽筋到全身，從你平常就有壓力點的肩膀開始緊縮，肩膀跟後背像是被刀割開的痛，像是裡面的膿瘡被擠出的極大苦痛。那時才會發現，原來你平常所忽略的身體回饋，這時竟然如此清晰。

你過去幾十年所累積的惡習，會在這個時候顯現。堅定的靜坐只是讓你觀察到自己的實相，讓你的身體有機會跟你對話。

咬牙切齒硬撐的我開始全身冒汗，冒的全是冷汗，濕透了全身。當我最後知道自己成功通過了一小時「堅定的打坐」的挑戰時，我卻發現自己雙眼打不開，因為我痛到緊閉的雙眼皮因為忍耐過度，眼皮用力過頭而無法自己打開，還要用手使勁才能把眼皮撐開。

成功挑戰一小時堅定打坐的我，感動到痛哭流涕，拜倒在自己的坐墊上，親吻著浸濕冷汗的坐墊，驕傲於自己毅力的同時，卻發現雙腳痛到完全無法站起身。好不容易費勁起身想要走路時，雙腿卻只能一拐一拐的行走，每走一步都痛得像是被車子撞到。

如果你也像我有以上的情況，不用擔心，這一切都是正常的過程，都是在鍛鍊你的心志，並且同時也在鍛鍊你覺知的能力。

我們藉由每天靜坐內觀來維持覺知的能力，再藉由覺知來修煉平等心。

平等心是什麼？

平等心是當你身體感受到痛苦時，你不能嗔恨它，你只是單純去觀察這個發生在你身上的感受。久了，就會發現那個痛苦的感覺漸漸消失。

平等心是當你的身體感受到愉悅的電流經過，你不會貪圖想要更多愉悅的感受，而是用平等心觀察它，因為那愉悅的感受終會消失。

在內觀的過程中，你會發現身體內的感受會不斷升起跟消滅，你只是單純觀察，並且訓練自己的心態不要被身體上的感受而影響情緒。

這是離苦得樂的重要關鍵，我們訓練平等心，就是為了讓我們在日常生活中不要輕易被外界的事影響自己的心情或想法。我們要了解，人生是來體驗一切的，創業經營事業也是痛苦多於喜悅的，但重點是如何不讓（pain）痛苦變成是受苦（suffering），而是要學會苦中作樂，也可以說是從苦中學習到進步的動力。

這對經營者來說，尤其特別重要。就像我前面提到的，大好大壞都會過去，如何維持穩定的心態面對瞬息萬變的世界，才是真正的課題。

現在的我，依然每天保持二個小時的打坐內觀，就是為了讓自己天天保持不卑不亢的平等心，經營自己的事業和自己的家庭。

願你，也能得到你的平等心。

內觀幫助我的身體變健康

在我接觸內觀前、身體變糟的那些日子，當時我看了所有的醫生，做了大量的健康檢查，都查不出暈倒的原因，我的脖子就算天天按摩也沒有救。但接觸了內觀這個方法之後，我每天持續練習內觀二小時，然後這些身體上的困擾竟然漸漸不見了。我再也沒有暈倒，肚子也不太會脹氣，最困擾我的頸肩問題也消失了，我又重新得到了年輕人的脖子。

內觀這方法的背後機制是什麼，我不知道，我努力的去查文獻，唯一能得到的解釋可能是，我們身體的筋膜布滿全身，我脖子的問題或許不只是因為我每天低頭滑手機所引起，而是長時間坐在辦公桌前導致下盤緊繃。畢竟我們人類這個物種的身體構造是歷經了好幾萬年的狩獵生活型態演化而來的，我們的身體結構並不是天生適合長期坐在椅子上打字且不變姿勢。反而盤坐還比較適合我們人類這個物種，畢竟椅子是西方近代的發明，我們人類長達好幾萬年以來都是盤腿席地而坐。只是現在我們大部分的人都失去了這個長時間盤坐的能力。

於是盤坐就變成了完美的筋膜放鬆法，尤其是內觀課程裡有一個重要的練習是，每天至少要三次整整一小時堅定的盤坐。在那一小時內，你不能移動雙腿不能改變任何的姿勢。這樣的鍛練不只是訓練意志力跟心的專注度，同時還能達到筋膜放鬆的作用。我發現長期這樣訓練下來，身體狀況真的改善很多。

但千萬不要抱著治病的心態參加內觀課程，因為這是錯誤的期待，身體病痛有所改善只是附帶的作用而已，重點還是在心的習性反應的淨化。而這樣的淨化不只是嘴巴說說而已，也不是你看了這本書理解了之後就會了。真正的智慧是修慧，也就是要靠身體力行去實踐，才能成為你自己的智慧。

好比騎腳踏車或任何球類技能，不是你在電視上看比賽或是教科書上讀完理論你就會了，最後還是要自己親身去嘗試，才能真正把這項禮物變成是自己的。

我們不懂的，比我們懂得還多太多太多了，就像我們也不懂為何我們務農的祖先們光著腳踩在土地上，身體可以如此健朗一輩子，很少生病過敏。我們只知道老祖宗傳下來的智慧是接地氣對身體好（但要在陽光充足的情況下打赤腳，而不是下雨天光腳踩在陰冷的土地上）。

就像是做月子，排寒，風水，刮痧，拔罐，算命，自然療法，針灸，氣功等等，我們知道這些方法有效，但目前這些也是西方科學無法解釋的。所以我們不應該因為西方科學暫時無法解釋的事物而斬斷自己獲得更好益處的方法。

禪修很辛苦，一點也不輸任何的極限運動，它需要心智的堅定以及強大的自律，要有運動員勇於挑戰極限的意志力，才能從極大的痛苦中獲益。而這樣的益處，會幫助心靈淨化，對不如意的事物能看得開，心中會減少怨懟。但這並不代表無作為或被標籤為「沒競爭力」，內觀也同時能培養堅定的意志力，知道任何苦難終將過去，克服難關只是遲早的事。

超越金錢的利益：內觀中心當法工

每年不管工作多忙，我總是會在年底給自己十天的假期，去內觀中心當學員禪修，給自己一個心靈上的 spa 來滋養自己。因為我從中得到太多的益處，所以我想要回饋給內觀中心，於是二〇二一年跟二〇二二年年底，我在內觀中心當了二次的十日法工，我覺得那是很美好的經驗，想要跟大家分享。

當你去內觀中心當學員時，你過得像是比丘的生活，每天要做的功課只有不停的打坐去修練平等心跟開發身體每個部分的覺知，肚子餓了去食堂會有法工已經做好食物免費讓學員使用。

參加內觀課程是全程不用收費的，所以得靠自願的法工來服務學員們，為學員們煮食物、整理園區。內觀中心在世界各地的運作全部都是靠著法工自願服務。

你或許會問，為什麼法工會做沒有薪水的付出？以我自身的例子來說，當然是因為我從法工服務中得到了益處，所以才會心甘情願來服務學員，而這個益處是完完全全超越任何金錢所能給我的。

我是個商人，我做任何事情都會看有沒有值得我花這個時間的投資報酬率，畢竟時間是最寶貴的資產。尤其我有一個奉行的原則，就是無論做什麼事，我一定會問自己：「**有沒有學習？有沒有貢獻？以及好不好玩？**」

而在內觀中心當法工服務就是以上這三項都有。

學員一天打坐十幾個小時的生活型態其實是不切實際的，因為在真實生活中我們必須工作賺錢養家，不可能整天只有打坐，打坐完就已經有食物擺好在你面前，反而當法工是可以學習把平時的修行方法帶進日常生活中。

以我當過二次廚房法工的經驗為例，我們廚房的六～七人小組，每天五點進廚房，要在六點半之前煮好六十多人份的早餐，還要洗大量的鍋碗瓢盆，然後過沒多久又要準備下一餐。

一整天的工作量其實不輸平常上班的日子，但每天會安插法工跟學員一起共修至少三個小時。當法工最大的樂趣在於可以學習如何處理很多平時不會使用的原型食物。像我學會了如何處理山藥、牛蒡、南瓜、苦瓜、冬瓜，並且還學會了搭配枸杞、當歸、小米、糙米，做成各式各樣不同的料理。也學會了如何炒芝麻醬、辣椒醬，醃製小黃瓜，或是用檸檬皮做成酵素，可以拿來清潔地板或做成洗碗精。這些對上一代來說稀鬆平常的常識，到了現代卻已經漸漸失傳。

因為現代社會的結構分工越來越精細，一個擁有很高學歷的知識分子或電腦工程師，或許在他的領域很強，但卻可能不會自己去菜市場買菜煮成三菜一湯。我們看似擁有很高的薪水，在社會上擁有不錯的地位，但卻是個生活白痴，不懂如何真正的生活。

而我們當法工總是會有老一輩的法工帶領我們，他們就像是生活智慧王的活寶典，可以從他們身上學到許多生活智慧，這些珍貴的經驗。我覺得是很好的傳承。

來這裡當法工，我不只是服務學員，我其實學會了生活的藝術，我學會了原來可以先把高麗菜跟香菇炒好，再加入飯鍋跟白米一起煮的新做法。我學會了洗飯桶時殘餘的白米飯不要丟到垃圾桶，可以灑在地板上等麻雀來大快朵頤。我學會了如何防堵螞蟻進入寢室。而類似這樣的學習每天都在發生，每天都讓我讚歎生命的美好。少了手機社群媒體的外界干擾，只有專注在跟自己的連結，回到原始的生活型態，才是真正在品味生活，才是生活的藝術。

除了學習生活，從法工服務中我學到另一樣寶貴的禮物。我再舉一個親身的例子，因為只有自己體驗過才能稱之為真正自己擁有的智慧。

因為疫情的關係，為了避免公共餐具交叉感染，原本自助式的早餐跟午餐，改成讓廚房法工為學員們服務，讓法工為學員們挾菜。有些學員會吃第二盤，所以我們必須像餐館的服務生一樣，隨時待命幫他們挾菜，而且要等學員們全部吃完飯，我們法工才能吃。

原本以為我會討厭這樣的等待，畢竟我這輩子總是處於一個消費者的心態，我在過去一向最討厭的就是浪費時間的等待，過往我去餐廳之前都會先打電話點菜，確保我一到餐廳食物已經準備好了。

這樣自以為很有效率的生活習性，其實是給身邊的人很大的壓力。

但在當法工的十天服務裡，我學會了在等待之間也可以睜開著眼睛修行內觀，外表看似在放空，其實我保持著警覺，正在掃描身體每一個部位的感受。如此一來，等待的時間就變得一點也不無聊，反而還學會了一個新的技能，讓自己可以處在什麼都不做的待機狀態，讓自己停留在省電模式，而不是讓自己的腦袋一直空燒。

現代人只要一有任何空檔就會拿起手機，讓自己一直處在一個很焦慮的狀態。我以前也是，一天要使用十幾個小時的手機，如今我已經漸漸沒那麼依賴手機來娛樂自己了，就算只有自己一個人的獨處時光，我也學會不再那麼焦慮。

當法工的另一個很大的益處是，你可以體驗到自我的去除，在這裡服務學員時，我們卸下平常在社會上的職稱跟自我的驕傲。來這裡我保持著虛心請教的態度，認真學習廚房的每一個細節，叫我切菜、掃地、拖地、洗碗、倒垃圾，我都樂意去做，畢竟在家裡也都是我在做這些事情，所以我沒有太大的適應問題。就算處理食材的方法錯誤被組長訓斥了，我也是虛心接受，畢竟就是學習嘛。

但在我第二次當法工的第一晚，我受到了一個震憾教育。在內觀課程中，舊生們是沒有晚餐可以吃的，他們唯一可以喝的就只有檸檬水。可是因為第一天晚上我那負責擠檸檬水的法工同事沒有把比例弄好，所以份量不夠四個舊生喝。當第四個舊生（剛好是外國人）進來食堂要倒檸檬水時，發現水壺已空，我手指了指牌子，用英文對這個舊生說：「不好意思，這個檸檬水是給舊生優先。」

「但我就是舊生啊。」這個外國舊生動了怒氣，對我兇的態度，好像我就像是個餐館做錯事的小服務生。

我的天啊，我的人生已經當了十幾年的董事長，也常去各大學或商周學院當客座講師，總是被禮遇被尊重，突然被這樣兇，我還真的無法適應，甚至心中生起了對這位外國舊生厭惡的感覺。

「I am sorry.」當下我只能低頭跟他道歉，但心中有股翻滾憎恨的情緒。

事後我反省自己，其實是我的同事準備太少檸檬水，以及前一位舊生喝了太多，才會導致他生氣對我兇。其實他生氣的並不是針對我，而是我自己把自我看得太重，是我無法接受自己被罵還得講出道歉的話。

人在社會上累積了足夠的經歷之後，很容易被旁人捧到自我膨脹，這會讓自己變得容易自我滿足，這樣會很可惜，因為會失去客觀的視野去看待事情。

而法工在內觀中心這十天的禪修跟學員的最大不同之處在於，晚上九點學員下課後，助理老師會帶領我們法工們做另一種禪修，慈悲觀。慈悲觀讓我們這些有服務的法工可以學會發送慈悲心給學員們、給自己，以及給所有這個世界的人（達賴喇嘛的書中有提到，他每天早上做四小時的慈悲觀，難怪有他在的氣場就會充滿了慈愛）。

當我練習了十天的慈悲觀後，在內觀的第十天可以說話時，我再次找那位沒有喝到檸檬水的舊生談話，這次心中帶著慈悲心，對他說：「I am sorry，第一天沒有讓你喝到檸檬水，想到那是你唯一可以吃的晚餐卻沒得喝真是太可憐了，你有發現從第二天開始，我有多倒給你一點嗎？」

沒想到，他露出了微笑說：「有，我有發現你都特別倒給我很多，謝謝。」

同樣都是講 sorry，第一天的 sorry 是心口不一致，而第十天的 sorry 是真心誠意的 sorry，所得到的回饋讓我感覺卻是有很大的差別，我想這是我這十天帶給自己最大的禮物。

我把這次被兇的寶貴經驗用來隨時警惕自己，不要過度自我膨脹，畢竟我的人生走到下半場，已經很難得被兇了，這是很難得的經驗，讓我可以把自我 self-ego 給縮小一點點，也是我帶回家的最棒禮物。

我想，我的老年生活應該會過得蠻不錯的，因為我在我的中年之旅有刻意的學習讓自己轉換個性，用與年輕時期完全不同的思維去看待人生的起起伏伏，成為一個讓人跟我相處都覺得舒服溫暖的智慧長者。

希望這本書的讀者，也能有意識的在你的中年之旅好好進修，在人生下半場開始前就提前布局，讓你成為更好版本的自己。

「能量管理」比「時間管理」更重要

二〇二二年的中秋連假，我每天都睡九到十個小時以上，睡好睡滿到九點才起床，讓自己真正有休息到，把過去經營公司所累積的疲勞都補回來，這是以前自律的我，絕對不可能做到的事。以前的我會要求自己，無論如何都要維持良好的時間管理紀律。但現在的我，卻清楚知道「能量管理」比「時間管理」更重要。我能清楚感受到自己的能量、自身的情緒和身體的狀態。

我不會再像年輕時那樣勉強自己，那並不適合中年轉化後的我。

鮮乳坊共同創辦人龔建嘉曾經跟我說過，維持「有感」這件事很重要，我非常認同。

我們的身體是情緒的容器，通常人走到中年之後，因為情緒容器被塞滿，會有兩個結果：一個是容易感到暴躁反感，另一個則是對任何事都冷漠無感。

我會用修行內觀來清理自己的情緒容器，讓自己保有感官的覺知，對自己的情緒起伏有所察覺。當我發現自己的內在不穩定時，我會刻意撥出時間內觀，並且做 Surya Kriya 瑜珈搭配呼吸法，達到內心的穩定。

我也喜歡看電影來維持「有感」。我曾看過讓我有感的一部劇，是我個人覺得最好看的韓劇《我們的藍調時光》，此劇雖然步調緩慢，但每一集都讓我感同身受，我從第五集開始，哭到最後一集，哭得很暢快，心靈都洗滌了一遍。

我不知道，原來我可以如此愛哭、如此感性、如此「有感受」，但這其實對我自己本身的照顧是好的，因為我更能察覺自己的感受，也能察覺周遭員工的感受，心理素質升級之後，就能成為更好的經營者。

身為人，維持對周遭事物「有感受」是很重要的事，不管你在經營企業，或是經營家庭的親子、夫妻關係，你都要保持一顆敏銳細膩的心，察覺身邊能量的流動。如此一來，你將很容易發現，似乎有哪裡出了狀況，如果更專心去挖掘，會發現那就是你內心很在乎的事情，你最終會把能量專注在你覺得重要的地方。很多生命中原本覺得辛苦的地方，就會開始鬆開，生命也會變得輕鬆。

我雖然從小接受西方教育，但近年我愈來愈發現，這種科學無法解釋的能量，能幫助我成為一個更有「覺知」的人，更有「敏銳直覺的人」，最後變成一個「更有愛」的人。因為我總是能察覺自己的感受，先照顧好自己的感受，才能做出正確的判斷，我在經營家庭跟企業，就可以變得更輕鬆。

以前的我也跟大多數管理者一樣，驕傲自己的意志力並不需要睡眠，擁有強大的抗壓能力。但當自己暈倒好幾次之後，我意識到自己的身體在求救，我必須用更有智慧的方式過生活。

其實睡那麼久並不容易，我是花了三年的時間，刻意修行，學會放下、放過自己，才能從一天只睡三小時的痛苦人生，進步到一晚能沉睡九小時的平靜生活。

當我們回到初心，把自己先照顧好，就能有意識地活在當下，過一個有品質、真正快樂的生活。

一個靈性的招手解決了商業上棘手的問題

現代人的生活越來越焦慮，常要被迫在很短的時間內做出反應，因為這在主流意識形態被認為是「有效率的」正面形象，但其實往往我們都沒有花時間停下來，仔細感受周遭生活每一個細微的變化跟提示。

只要你靜下心來，用心去覺察這些細微的訊息，你就會發現，任何事情的發生都有它的原因，其實宇宙自有安排，只要你能察覺這些事件連結的蛛絲馬跡，就能找到通往快樂的途徑，從痛苦中解脫。

我想要分享一個故事，這是一個靈性的招手解決了商業上棘手問題的故事，聽起來有點靈異，但又是確確實實發生在我身上。

在我受外國教育體制的過程中，我從來不相信靈異現象或是靈性這種事，只相信眼見為憑的科學真相。但在內觀中心打坐十天的過程中，我得到了寶貴的禮物，是我從沒想像過的靈性超能力，原來一直存在我們的身體內，而這個寶貴的能力也幫助了我在疫情時度過重重難關。

我想分享的這個故事是，二〇二〇年二月發生了本世紀以來最大的疫情，我們公司陷入的最大危機是歐洲百貨公司全面封鎖，原本要出貨給歐洲通路的面膜，全部無法出口。我在當時想寫一篇文章在我們公司的粉專，分享我們遇到了這樣的困境，這個困境讓我們很悶，就像大家都無法出國一樣悶，而我們是品牌有志難伸很悶……但怎麼寫都覺得不夠到位。

在還沒有去內觀之前的我，做事總是要求速度跟效率，文章一寫完馬上就先po上粉專。

當時的我已經受過內觀的訓練，無論是公司受到多大的動盪，我每天早晚維持打坐內觀長達二小時的好習慣，而這樣的固定練習，讓我的心情不那麼的焦慮暴躁，所以文章寫不夠好就先不要發表。我給了自己沉澱思考的時間，覺得這篇文章寫得還不夠有同理心不夠到位，於是我沉住氣，把這篇文章存放在備忘錄，想讓自己慢慢細修直到滿意再發表。

這篇文章修了三天都還是不滿意，沒想到在第三天的晚上，我的手機主動傳來一個訊息，是好久不見的朋友傳來的訊息，她問我找她有什麼事？

「我沒有找妳啊？」我訥悶的回她。

「你看你的手機，明明剛剛你有對我揮手。」

「不可能啊，我從來沒有用過揮手這個功能。」我邊講邊拿手機起來看，沒想到竟然真的是我向她揮手。於是我想到我們另一位內觀的師姊曾經對我說過，當你內觀練到一定程度時，手機只是一個溝通媒介，它會透過你的潛意識跟你溝通。

當下我驚訝的心想，難不成我的功力也像師姊一樣了嗎？如果是以前的我，可能就沒有那麼敏銳的心思去解讀這件事，可能就會把電話掛掉。但受過內觀訓練之後，讓我不只能察覺到身體跟內心的細微波動，也能察覺這樣的靈性揮手是有它的暗示，於是我把握住這樣與朋友連結的機會，把這個靈性的招手視為宇宙的安排，於是我問了這位很會寫文案的朋友，請她看看我的文章，並且跟她說明公司現在的困境。

「我覺得你寫的不錯，你只要最後加上一句，既然大家都無法出國，那我們就把出口到歐洲百貨公司的提提研歐洲版產品帶來給你們。」

就是這樣畫龍點睛的一句話，讓我們可以合情合理的把無法出口的歐洲版本的面膜賣給台灣粉絲，成功解決了當時棘手的商業問題。以下這段文字是當時我寫的文章摘要：

因為疫情的關係，想必大家最近都很悶吧？戴一整天的口罩很悶，小孩遲遲無法開學很悶，不敢出門很悶，業績不好很悶。

而我，則是一直在取消機票很悶。

通常每一年的開始，我們都會跟世界各地的代理商或通路商見面，溝通接下來一整年的新品跟活動規劃，來奠定品牌一整年的策略方向。

每年的三月我都會在歐洲住一個月，跟法國子公司的員工談策略會議，討論如何做好一整年的全歐洲通路活動計畫，現在只好整個大延後。

三月中的義大利美容展都早已約好歐洲頂級百貨公司的採購主管，以及跟瑞士最大集團談代工合作，我們也因為這次的疫情而無法飛去歐洲。

這的確對提提研想要拓廣世界的版圖有不小的影響，真的讓我很悶。

其他品牌遭遇到的可能是觀光客不來的問題，而我們則是想征服世界的野心有志難伸。

我們夫妻經營提提研的核心理念是想要藉由這個品牌，將台灣製造再度發揚光大。

我們想讓全世界所有的面膜消費者知道，要做出一片面膜很簡單，但想做出一片真正有效的面膜一點也不簡單。

你們平常買的台灣版本已經是歐盟規格的製造標準，但台灣幾乎沒人買過的歐洲版本，則是我們的技術結晶。

並不是歐洲人消費力比較高，主要是符合歐洲人的皮膚比較提早老化，以及那裡的環境氣候比較乾冷。

但因為成本太高，所以只能在歐洲頂級百貨公司販售，而無法在台灣藥妝通路銷售。

這一直是我最大的遺憾，我很想讓你們感受到提提研最好的表現。

防疫期間我因為無法出國推廣業務也就閒閒沒事，我想要任性的把歐洲版拿來台灣官網販售，把歐洲百貨公司的最高規格產品拿到你們面前，就好像你去到了歐洲，但卻是買到親民的台灣價格（所以說，一間公司千萬不能讓老闆閒下來，會出事）。

這樣一來，也算是無法出國去歐洲的一種解悶，也順便圓了我的遺憾。

我 po了這篇文後，立刻受到粉絲的大力支持；因為一個靈性的揮手，使得我跟一個朋友聯繫上，最後我解決了一個商業上棘手的問題。

我想再作說明，以上這個靈性超能力的故事，不希望讓人誤解這是怪力亂神的故事。我想要講的是，我們應該更靜下心來去觀察身體每一個細微的變化跟提示，或許更好的答案就在你自己身上。

引導是為了幫助大家成為自己

以前的我為了快速有效果，常常都是自己一人衝在前面做各式各樣的行銷，雖然業績快速成長，卻也搞得後勤團隊人仰馬翻（像是貨供應不足）。雖然我是個有創意的創業家，但我並不是個合格的公司經營者。當公司規模變大時，我很快就發現自己在管理這方面的不足。於是這幾年我一直在接觸引導（facilitation）這個方式。Facilitation 這個字來自於拉丁文的字根 facilis，意指簡單。所以 facilitation 就是讓事情變得簡單順利。

我想跟大家分享二個開會的小技巧，可以讓開會變得更有效率，同時又能讓夥伴們也有動力參與在其中，進而產生了集體智慧，幫助老闆看到原本沒看到的盲點跟風險，更同時也讓團隊看到全貌，同時也可以讓老闆看到哪些成員是有潛力可以栽培的。

第一個是開會前我們會先 check in。Check in 就是每個人要輪流講三句話。一，講自己的名字。二，講自己的心情。三，講自己對於這場會議的期待。手中會握一個說話球（talking ball），只有手中有說話球的人才可以說話，說完了再傳給下一位。

然後老闆會先示範給大家看，舉例像是：「大家好，我是 John，我今天睡得很好，心情有點興奮，我很期待今天這場會議可以跟大家分享我的年度策略，也希望大家可以給我回饋，我訂的業績目標是否合理。」

這看起來很簡單，其實它有一個彼此調頻的功能。當一個人講出自己的名字時，他自然而然的就會專注，達到「人到心到」的效果。當一個人講出自己的心情時，他就會跟自我內在連結。當一個人講出自己對於開會的期待時，他也會講出自己內在的渴望。

甚至還有一派學理專家說這是量子力學呢！因為當我們自己開始說話，我們就會在這個系統以內，我們就會跟其他同仁產生共振，我們就會更專注聚焦，而不是心不在焉的只是聽老闆在布達。

說話球可以是任何物件形狀，也可以是說話權杖，只有拿著它的人才能說話，其他人要用心傾聽。它的用意是讓大家把焦點聚焦在說話的人身上，讓每個人都有機會發言而不會被打岔。

這也可以讓我觀察到有哪些夥伴是有觀點的（優秀的潛力人才），以及他們對於接下來會議內容的期待。於是我就會在接下來的會議中，有意識的引導彼此的內容是可以回應到夥伴們的期待。

在學引導時，我學到最重要的是，絕對不要讓人失去自尊（self-esteem），一定要對每個人保持最深層的尊敬，才會是真實的溝通。我學會在會議時不要只是老闆或主管一直在說話，更要注意參與成員的眼神是否是混亂無助的。一旦發現大家卡住時，我會適時的停止會議，問大家我們團隊合作目前為止的分數如何，以及接下來我們如何能有更好的團隊合作，大家才能離開當下的亂流，用不同的視角去討論議題。會議時間我們會刻意控制在一小時內結束，才不會浪費大家的時間，也不會讓大家在未來恐懼開會浪費時間。

會議結束時，我們不會立刻解散，我們一定會做一個 check out 的動作。Check out 就像是你要 check out 飯店一樣，讓自己帶著更輕鬆的心情離開。像我就會有意識的擔任引導者，請每個人輪流說三句話，我會拿著說話球請大家 check out：「現在的你跟一小時前的你有什麼不一樣？有什麼觸動你？你接下來會做什麼 action？」

然後我就會示範：「我是 John，現在的我跟一小時前的我比起來，我心情更輕鬆了，觸動我的是你們其實比我想像中還更接地氣。我今天下午就會立刻打電話給法國的夥伴來幫助 Sofi 解決她的阻礙點。」

然後我會把說話球傳下去，每個參與會議的成員會一一說出他們的感受，以及他們接下來會做什麼樣的實際動作，讓專案往前推動。

這有一個很神奇的效果，當一個人說出自己的觸動時，也會同時注意到自己的感受，跟自己再度產生連結。尤其是滿足一小時前的 check in 的期待時，會比較有勇氣長出自己的模樣。當自己主動說自己接下來會做的行動時，他會發自內心自動自發去做，而不是被動的聽老闆發落命令。

這樣的 check in & check out 練習已經在我們公司持續好幾年了，也漸漸形成了公司的內部文化，可以培養更多年輕人一起成長，進而成為公司未來的支柱。

想跟大家分享這麼簡單的好方法，因為也可以使用在親子對話，培養孩子更有觀點，同時也能支持孩子成為自己。

成為自己，才是最重要的。

p.s. 如想要了解更多有關於引導，這是我們公司合作長達九年的引導團隊好朋友們：www.ikuai.org。

親子關係的成長

接觸薩提爾，允許自己接近內在的感受

我一直認為，生命中最重要的功課就是人跟人之間的相處關係，尤其是親子關係。我很幸運的在中年之旅學習到薩提爾的冰山理論，讓我大大的改善我跟自己小孩之間的互動。

我第一次接觸薩提爾是在二〇二〇年跟我老婆小啦去新竹參加了李崇建老師的薩提爾工作坊，那三天的工作坊收獲滿滿，內心得到了許多滋養。我跟我內心的小孩重新有了連結，也更了解自己有時那毫無來由的憤怒情緒是來自小時候某個具體事件的創傷。

每天認真打坐靜心練習內觀的我，更能察覺到自己細微的身體不適感，現在的我能容許自己靠近自己的悲傷，也能感受到貫穿全身細微的電流感，能讓自己更沉浸於自己的喜悅。

於是我感到無比的幸福，因為我更能夠活在當下。

去學習薩提爾的課程之前，我其實是抱著一個疑問，小孩到底能不能同時快樂成長，但又擁有所謂的競爭力？三天的課程下來，我找到了答案。我發現到我自己是可以允許小孩長成他們自己的模樣，讓他們成為自己的樣貌，而不是我期許的樣貌。得到了這樣肯定的答案後，我內心充滿著愛，因為我知道我對孩子的愛是沒有條件的。

當天上完薩提爾課程的回程途中，我去台中接小孩回高雄，兒子一上車就抱怨說：「爸爸，我不想上學。」

這時我立刻拿出李崇建老師教的對話方式，用好奇心去問他：「學校發生什麼事呢？」

「啊就有些朋友跟我不好。」

「朋友跟你感情不好，那你會有什麼感受呢？」阿建老師教我們要問孩子的感受。

「嗯，胸口會悶悶的不舒服。」

「何時開始胸口不舒服呢？半年前，一年前？」

「是三年前我不小心刷了爸爸的信用卡那次就一直胸口悶悶的不舒服。」我很訝異，我自己早就忘了這件事，原來他竟然如此的在乎。

「可是爸爸早就忘記這件事了耶。」

「但我無法原諒自己啊。」他自責的說。

「你知道嗎，Savi，爸爸小時候犯過更大的錯誤，那時我們家開珠寶店，做生意很窮請不起員工，所以阿公阿嬤都會讓國小的我去送金塊珠寶到其他的店家，或是去跟他們調貨，但有一次爸爸騎腳踏車經過漫畫店，看到最新的《少年快報》出刊，於是就停下來去看漫畫，不小心把放金條的袋子吊在腳踏車的握把上，結果我漫畫看完後走回到腳踏車，就發現放金條的袋子不見了。」

「那阿公阿嬤有罵你嗎？」

「沒有，我以為我會被打，結果他們完全沒有打我也沒有罵我，長大後我問他們為什麼沒有罰我，阿嬤說因為那是他們自己的錯，請那麼小的小孩送那麼貴重的物品，本來就是不對的。」

「所以爸爸讓那麼小的你就可以輕易猜中我的密碼，本來就是我自己也有錯。」

「對啊，你的密碼也太好猜了。」

「還有，爸爸一直到現在還是在犯錯，但我從來沒有自責，像爸爸的法國子公司在疫情期間賠了好多錢，我一開始也很痛苦，但我也得到了禮物，因為我學到了以後絕對不要亂去國外開子公司這個教訓。像 Savi 你，以後也不會輕易在網路上亂刷卡了，因為你現在有經驗了不是嗎？」

「嗯。」

「那 Savi，你可以原諒那個三年前，九歲就會刷卡的你嗎？」

「嗯，而且他還蠻聰明的。」

「對啊，我覺得你以後可以當駭客。」我緊緊抱著他，也抱著三年前那個犯錯的小孩，讓他知道他可以放過他自己。

「那爸爸，我可以不上學嗎？」

「可以啊，你想怎麼就怎樣。」

「what！」他嚇了一跳。

「那我可以功課不好嗎？」他試探著問。

「可以啊，你開心就好。」
「那我可以當 social worker（志工）嗎？」
「當然可以啊，我覺得很棒。」我肯定的說，他嚇了一跳。
「那我可以當消防員嗎？」
「可以啊，只是你要注意安全。」
「那我可以當藝術家嗎？」他不可思議的一直問。
「也可以，只要你開心就好。」
他想了想，說：「我想我還是去上課好了，我還是想要自己功課好，才能得到同學的尊敬。」
「但你同學怎麼辦，你不是跟他們不好嗎？」我回到了原本第一題。
「我只是不喜歡他們那一群人一直罵髒話，這樣我會被誤會我也是個愛講髒話的小孩。」
「那怎麼辦？」我故意不給答案，把問題丟給他反思。
他想了很久，停頓了很久，我在這裡給了他一個提示：「一般在做生意時，是不是都要交際應酬？你知道什麼是應酬嗎？就是去餐廳吃飯喝酒，強迫自己做不喜歡的事。」

「那爸爸你有應酬嗎？」他問。

「沒有啦，我只是跟你說，爸爸不需要交際應酬去經營人脈，也可以生意做得很不錯。」

「我想到了，我其實可以去學校繼續跟這群很酷的朋友一起玩，但他們罵髒話時我不用跟他們一起罵，我還是可以同時保持我的功課成績。」

「對啊，誰說打棒球跟成績好不能並存。你可以同時當 rapper 也可以功課很好啊。」

「爸爸，我決定要給胸口那個悶悶的感覺取一個名字叫 Markus。」

我當下心裡驚呼，這小子實在太有創意了。因為李崇建老師的課程裡，他就是把感受當作是一個人，要允許自己接近那個感受。

於是我鼓勵兒子：「Savi，你給 Markus 取這名字實在是太棒了，我們並不是希望 Markus 消失，而是要常常跟他生活在一起，live with it，無論是在吃飯、睡覺、游泳的時候。Markus 並不是只會難過悶悶的，他也會有開心的時候，我們都要跟 Markus 在一起。」

「那我也要把我的感受取一個名字，你的叫 Markus，我的叫 Anus 好了。」我開玩笑的說。

「不要啦，那不好聽，你的叫 Angus，妹妹的叫 Terry。」

莫名其妙的，妹妹的情緒就這樣被取了名字。

這真是個神奇的夜晚，謝謝李崇建老師教導的冰山理論，也讓我理解到對話的力量。

學習完薩提爾之後，我決定做一件事來讓我跟兒子共創永生難忘的回憶。

跟著兒子一起壯遊：父子徒步環島

我們每天都在做各式各樣的決定，但這個肯定是我人生做過最棒的決定，是我絕對不會後悔的決定。

二〇二〇年底，我兒子主動跟我說：「爸爸，我想在我十二歲時做二件讓我自己覺得驕傲的事。」

「哦，是什麼？」

「第一是我想穿耳洞。」

「哦，那有什麼問題，爸爸十六歲也穿過耳洞，那第二件事呢？」

「我想要環島，跟爸爸一起環島。」

「那也沒什麼問題，我們隨時都可以出發，但是爸爸建議你，一般人都是騎腳踏車環島，我覺得速度太快，感受不到風景很可惜，所以我們可以做更酷的，我們來試看看徒步環島，用走的，這樣才能感受到這塊土地的美。」

為了兒子的夢想，我跟公司先請假四十天（其實是向老婆請假，也謝謝老婆准假），時間如果不夠，可能會請更多假也不一定。

我想要試看看，把兒子從一般的教育體制抽離，交給爸爸我自己親自帶領，跟著我學習，看他到底能從中成長多少。我相信，我可以教的東西，絕對比一般教育體制下可以給的更多，尤其是我的自助旅行背包客技能一定要傳承下去。

畢竟兒子的成長只有一次，錯過就沒了。

只有兒子跟著爸爸，沒有母親的角色，也沒有妹妹，讓他享受一下獨生子的感覺，只有他獨享父親。

跟著爸爸一起壯遊，只有爸爸在身邊二十四小時的陪伴，父子才能真正的產生心與心的對話。因為我知道我還有很多很多的人生寶貴經歷還沒有傳承給他，尤其是創業者的堅毅個性，這樣的個性在我這一代失傳的話會很可惜。

很多人都說他們很在乎小孩的教育。但又有多少人願意為了教育的品質而真正付出時間陪伴小孩成長？大部分的父母都是把教育的責任外包給老師或家教代工，鮮少有父母願意自己花時間親自去教，只有自己去掌握並且了解小孩成長的每一個細節，才是真正的在乎。

現在回首看二〇二〇年，我已經不太記得那年的營業額做了多少，但我永遠會記得我跟兒子徒步環島的回憶。

父子徒步環島第一天：如何應對突發狀況

出發前，我引導 Savi：「我們做任何事情都要抓住事情的本質跟核心，如果這次的環島有一個主題的話，你覺得會是什麼？是 have fun（樂趣），learning（學習），safe（安全），還是 challenge（挑戰）？」

「我覺得都是耶。」

「那如果你要排順序的話，你的第一名會是 have fun 嗎？」我問他。

「不是，第一名應該是要 safe，因為媽媽說不能做危險的事，然後才是 have fun，然後是 learning，然後是 challenge。」

我笑了笑，回他：「好，那我們的口訣就是 safe fun learn 這三個核心，

challenge 放第四順位。」

父子有了這樣的共識，對我們接下來要做的決定都會相對簡單，因為這次旅行的主角不是我，而是我兒子，我只需要在旁邊當輔導的角色。

我們研究了其他人的徒步環島或是騎車環島，發現大部分的人著重在「挑戰」，但這並不是我們父子這次環島的核心精神。我們所著重的核心是深度體驗。所以我們決定從高雄坐火車到知本，從知本出發當我們的第一站，因為東部這邊的文化是他從來沒有體驗過的，更何況，他也從來沒有坐過台鐵的自強號，也從來沒有來過高雄火車站（因為都只坐高鐵）。

出發當天，售票員看到我們帶的推車那麼大，一開始的反應是皺眉頭，並且用激烈的口氣說：「這個不能上自強號！這個超過規定的尺寸！」但我卻是和和氣氣的跟他分享，我們父子要去徒步環島，我們要去圓夢，能否通融一下。

「哇～～也太酷了吧，那你這個車子能拆嗎？要拆才能上得了火車。」

「當然可以，來 Savi，幫爸爸一起拆。」

小孩會一直觀察父親的一舉一動，他會看到爸爸是如何應對突發狀況，用冷靜的智慧化解可能的衝突跟挫折，用聰明的方法跟口氣來說服對方，並且用很軟的姿態跟對方道謝。而他也會主動幫忙搬行李（因為我要手提這麼大的推車上火車）。這些生活應對的小細節，都是他的學習，都是我們當父母要有覺知的。

成功破解了第一關，上了自強號之後，我再跟他分享第二個小細節，就是台鐵的 logo。我告訴他，logo 分三種，一種是純 logo 沒有字，因為品牌已經太深化太有名了，像是 Apple，Benz 跟台鐵。第二種是 logo 加字，像是提提研，第三種是把品牌名字當成 logo，叫作 logotype，像是 ZARA，UNIQLO，H&M 這些快時尚品牌。並且還在 Wikipedia 上找到了台鐵的 logo 解說，跟他分享為什麼設計長這樣，它有什麼含義，不是隨便畫一畫等等。

這是我這幾年學到的品牌美學細節，剛好在旅途中可以跟兒子分享。

在火車上，我隨手遞給他《飢餓遊戲》第一集，我自己也拿起了書來看，雖然我沒叫他看書，但是他看我看書，自己也有樣學樣，這是我們父子之間長期培養的默契。

到了知本，我教他如何使用手機看地圖帶路，讓他當導遊培養方向感。沿途他開始採集很多植物，因為這一切對他來說都很新奇，很多植物都是他從沒有看過的。

走到了卑南族部落的社區，我們的民宿就在社區裡面，這是我第一次帶兒子住民宿。他一開始還不習慣怎麼跟陌生人相處在同一棟房間，還想說躲在自己房間就好。但我嘗試說服他：「這是不一樣的住宿體驗，來這裡可以認識各式各樣的朋友，這就是自助旅行最大的樂趣跟學習。」所以他選擇待在客廳陪我們大人聊天，後來發現其中一位竟然是他學校日文老師的朋友，而且他也很大方的跟對方合照，在這裡我看到他的心變得比較大方。

這次旅行我一直告訴自己，我要改變對待兒子的方式，我要學會更信任他一點。所以我跟他說，「你如果想用 iPad 看 Netflix 可以，你可以自由使用電腦，爸爸選擇相信你的自律力，但是你也知道看太多近距離的螢幕，對你的眼睛並不好。」

「所以你看多久 iPad 的時間，我們就用多久看遠方的活動來平衡它。」於是他看了二小時的 iPad，我們就用投球、騎腳踏車，以及爬上屋頂看遠方的活動來平衡眼睛的收縮。

第一天一整天下來，我發現我跟他的互動以及我所能教給他的，可能比一整年還多。

我們都很享受第一天。第二天，我們要去全台灣號稱最美的野溪溫泉。

父子徒步環島第二天：反思自己曾經犯下的錯

這次跟兒子的環島計畫，在踏上旅程的途中，我撥了電話給我爸爸，告訴他我正帶著兒子去徒步環島，可能要三、四十天才會回來。

「為什麼突然想這麼做？」他問我。

「因為我回想起我童年的時光，從十三歲到十八歲，你天天接送我上下學，每天陪我打網球、高爾夫球，那是我最快樂的時光，我是那時候才真正認識你。」

回想起我的童年，我發現十三歲以前沒有太多關於父親的記憶，只記得他努力工作，每天都工作到很晚。真正對他有記憶的是他三十九歲提早退休，在澳洲每天陪我們生活，從那時我才知道原來我爸爸是個這麼有趣的人。

如今我也走到我爸爸的年紀，卻發現我兒子並不是那麼了解我，因為我每天工作回家只會問他功課做了沒、琴練了沒、網球練得好不好？連我自己都覺得無趣。我想讓我兒子知道，其實我也可以是個很有趣的人；讓他知道，我也懂得生活玩樂的另一面。於是我們踏上了這個環島旅程，其實不只是為了他，也是為了梳理我自己的童年。

只有先梳理好自己的童年，我才能當個更好的父親。

第二天我們去全台號稱最美的野溪溫泉——栗松溫泉。一般人都只是去泡溫泉，但我們很幸運的是，民宿老闆是個溯溪達人，他帶我們去到栗松溫泉的更上游，教我們溯溪的技巧，以及如何辨別水流風險和選擇路徑。我們父子驚險萬分的一起溯過急流，瀑布，避過暗潮，最後達到了平靜的源頭。

「溯溪的本質就是溯源，就像人生一樣，過程的驚險是我們要一一克服的，但走到源頭時你會發現什麼都沒有，走到最底時你也會發現什麼都沒有。」溯溪達人很有智慧的說。

緣起即緣滅，這是萬物的本質。

回到民宿立刻打電話給老婆，老婆關心的問兒子今天的感想如何，爬了一整天的山跟溯溪一定很累對不對。

「我覺得森林很大，在這邊的樹都很老，我發現我原本在學校愛罵髒話的壞習慣，到這裡都不見了。」這個回答倒讓我們很訝異。

「是因為祖靈的關係嗎？」因為途中民宿主人老達有聊到，原住民文化有祖靈跟森林裡的守護神。

「嗯，而且媽媽你知道嗎？我們今天遇到了一個千年的二葉松，它的樹皮有很多油脂，可以用來起火。」

「哇～ Savi 你真的懂得比媽媽多了耶，媽媽只知道二葉松可以用來做純露。」小啦在電話另一頭開心的笑著。

要入睡前，他的小手碰了碰我，小小聲說：「爸爸，我覺得我今天胸口的那一點點不舒服好像比較沒那麼不舒服了耶。」

聽到這裡，我有點難過，回了他：「嗯～應該是大自然療癒了你。對不起，爸爸之前可能給你太大壓力了。」

「沒關係啦，I want a cuddle（抱抱）。」我開心又感激的抱了他。

回想他這些年來的童年，就像當年我媽媽望子成龍的把我的課表時間全塞滿一樣，我不自覺的走上媽媽當年對我的教育方式。那樣辛苦的教育方式，當年讓我很痛苦，雖然我克服了也拿到了博士學位，並且學會了很多語言和運動（也成了社會上有用的人），我必須說，如果沒有媽媽那強大意念的堅持，我絕對不會有今天的成就。但當年吃過苦頭的我，現在是否能用更有智慧、更聰明的方法，不只教出一個對社會有貢獻的年輕人，而且讓兒子在成長過程也可以是快樂的呢？

這是我今天的省思，我也在我的粉專跟我的粉絲們分享。大家都說 Savi 很幸運，能有我這樣的爸爸，但我想說，我們夫妻很幸運能有這一對兒女，因為他們教會了我更多東西，讓我可以反思自己曾經犯下的錯誤。

父子徒步環島第三天：父子打開心房聊天

從知本走路到台東市，約十四公里，平常開車只要十幾分鐘的距離，走路卻要將近三個小時。這是我們第一次終於開始認真走路，從一個定點到另一個定點，因為有三個小時，沿途 Savi 跟我無所不聊，聊到後來，他開始漸漸打開自己的心房，他跟我透露說：

「爸爸，其實我有點擔心我的未來。」

「哦，為什麼？」

「我不知道自己以後要做什麼？像我的網球也都一直打不贏比賽，我的功課在學校已經被同學貼標籤是個中等普通的人。」

「那你知道爸爸在你這個年紀時，也是運動不好，成績很一般的學生嗎？而且那時我也不知道自己未來竟然會變成保養品牌的執行長跟書店老闆。」

「還有內觀者。」他提醒了我，也訪問了我：「但爸爸你真的喜歡你現在的工作嗎？你一直在說要回饋社會什麼的。」

「我其實很喜歡我現在的工作，因為我發現我正在做的事情是很多企業老闆沒有勇氣去做的，我的意思是，你只要找到了自己的熱情，就會漸漸喜歡自己的工作。爸爸也是這幾年自己去學設計美學，自己去學行銷跟學怎麼做品牌，這都是學校沒有教我的事。」

他話題一轉：「我覺得我以後想做生意，因為我有你這個爸爸可以教我做生意。」

「但你知道嗎？其實做生意還是需要基本的學歷跟教育，這樣走出去跟其他人認識交際應酬時，他們才會看得起你，這是這個社會的通病跟遊戲規則。爸爸認同你可以去學做生意，但你基本的數理功課還是要懂。」

「可是我的成績就是很普通啊，我也不知道該怎麼辦。」他懊惱的說。

「那你知道你身邊有一個超級老師？」我指了我自己。

「但你又沒有時間教我，你工作那麼忙。」他翹著嘴。

「我們都要謝謝這個疫情，讓我發現我自己其實可以花更多時間在家庭上，只要你願意，我隨時都可以教你功課，就等你準備好了，我保證可以讓你在三年內變成名列前茅的學生。」這點我很有自信，因為高中時期我幫很多成績普通的同學考上了好大學。

「因為爸爸什麼不會，就是最會讀書考好成績。但是爸爸希望你是發自內心想學習，以後做生意才會更得心應手，因為我就是有好的學習能力，才能跟上這個世界的腳步。」

「所以我還是得要上大學？」他有點氣餒的問。

「其實要不要上大學由你決定，但好的大學可以讓你的眼界開闊，可以認識到各式各樣不同的朋友。如果你覺得大學不適合你，你想早一點學做生意也可以，但重點是你要能找到自己的心。這趟旅程或許就是答案，搞不好你能找到一些答案。」

管教孩子方式思索

「小孩究竟要精實管理，還是放空管理？」這也是我每天都在天人交戰問自己的問題。

我其實還是精實管理的信奉者，《異數》這本書有分享，在培育人才這條路上，時間永遠是最寶貴的資源。我幫小孩排的精實課表，很多人只看到表面塞得滿滿的課程，但是我們卻是用心安排不同課程的體驗。讓孩子去探索自己的興趣在哪裡。

我們全家出門一定會要求隨身攜帶書本，任何等待的時間，我會以看書做榜樣，他們會學我的行為。因為看書可以學習專注力。如果沒有我的刻意要求跟以身作則，他們的語言能力跟閱讀所涉略的廣度也絕對不會有今天的程度。

但我也承認我有時因為工作繁忙，把大量的教育外包給家教跟學校老師，而不是自己教。

過去的我，用我父母傳承的虎媽教育方式來教自己的小孩，我很幸運後來有發現自己跟（步入青少年的）兒子漸行漸遠，所以才決定做出改變，四十天不上班，也幫小孩辦理休學四十天，父子倆徒步壯遊，好好的跟兒子一起生活。

很多人覺得做這件事很不可思議，我竟然能放下經營公司的壓力，四十天不上班。但我想跟大家分享的是：我與兒子到了都蘭 longstay 之後，每天看似沒有做什麼事，但其實是大量時間的親子陪伴。

我們的手機用得越來越少，親子的對話越來越多。

我覺得重點反而要畫在「親子關係」這四個字。

親子關係，說穿了就是跟自己的關係。

經過這段相處的時光，我的心跟兒子的心變得很開放，我覺得最重要的事已經找到出口。看到兒子那發自內心的笑容，是童年的我從來沒有過的，我們父子的關係從來沒有如此的親密與信任。

至於如何培養兒女未來的競爭力，我倒是認為只要跟有競爭力的父母長時間相處，父母可以傳承的智慧肯定比外包給學校老師還多很多。就像放風箏一樣，一鬆一放之間該如何拿捏，每個小孩都不一樣，沒有一定的方程式。只要相信自己的教育方式，就像信任小孩一樣，放手讓孩子去探索，他們能學會的，能回饋的，一定會超乎我們的想像。

孩子該不該上學？

在跟孩子徒步環島四十天的過程中，我一直在思考這個問題。該不該讓小孩去走這條我自己很擅長的學歷遊戲規則？有沒有更聰明的方法可以同時達到快樂成長以及找到生命中的熱情？

過去四十天，孩子從我身上學到的，並不是做生意的盤算，也不是如何考試拿高分的技巧，更不是交際應酬的機關算盡。而是愛，是充滿了對大自然的愛，對兒子女兒的愛，對身邊周遭朋友的愛，對新朋友的愛，對員工同仁們的愛，對陌生人的愛，對動物的愛。

愛才是最重要的。是愛讓我們連結宇宙的所有事物，讓一切變得順利，而只有打開心胸變得柔軟，才能發射愛的光芒，讓他人感到你的善意，也才能接受他人的愛跟生命之流的安排。

是愛，讓我們每天都過得如此充實。網友們好心熱情的介紹，讓我們可以找到初心民宿、晃晃書店，然後在民宿所認識的每一個人都有它的意義。是晃晃書店老闆娘素素介紹了都蘭日日好野的民宿，讓我們從此離不開都蘭，是初心民宿的老闆帶我們去認識植物界的第一把交椅施炳霖老師，又從他口中介紹了天牛阿伯，進而跟天牛伯一家人變成了像家人一樣，更黏在都蘭。

宇宙把我們黏在都蘭一定有它的安排，在都蘭的一個多月，兒子每天都睡到自然醒，平常淺眠的我們，在這裡每天聽著海聲，都可以大量的深層睡眠。我們每天都破自己的睡眠紀錄（可以睡超過十二小時）。

睡醒了就下下西洋棋，讀些書，或是去玩雞跟貓。

在這裡我也不催他吃東西，他餓了自己會去煮東西來吃，生活的一切由他自己打理，讓他從生活中學習，我努力學習讓自己成為沒有用的大人，讓他無法事事依賴我。

早餐消化完，走路二分鐘就是自己包場的海灘，父子就這樣丟丟球，累了就淨灘。下午我們會走去附近的店家，跟每個店家閒話家常的聊天，孩子們在這裡學到的是，我跟人們是如何自然輕鬆的產生連結，然後我們繼續下西洋棋跟讀書。

他跟我漸漸戒掉手機上癮症，而我們所感受到的世界卻越來越大。我們互丟沙球，爬樹，抓小雞撿雞蛋，騎農車，跟水牛洗澡，夜間在沙灘生火看流星，站在海邊感受到海水沖上腳指頭的清涼感，睡前陪我一起打坐進入內觀的世界，玩西洋棋跟我學會如何看全盤思考並且預測對方的下一步，看完了八本原文書共三千多頁，十多本金庸的漫畫。

我們完全沒有碰任何學校的功課，我們就只是認真的過著童年該有的生活，好好的過童年的日子，而我也把我沒有好好過的童年重新再活一次（在此我真的很感謝兒子給我這個機會）。

他停課四十天，我沒有上班也四十天，我們嘗試著不讓大腦工作，回到只有心的感受，讓身心靈合而為一，而不讓大腦去干擾。

休息了四十天之後，有一天他問我：「為什麼要學數學？我的數學很不好，學數學根本沒有用啊，就用計算機就好啦，反正現在電腦那麼方便，幹嘛學心算跟背九九乘法？」

「數學其實是你跟這個世界溝通的工具，因為全世界的人都用相同的數學符號來溝通邏輯，總不能你說你要付的錢的數字跟賣家理解的相差十倍，所以數學其實很重要，而且你跟人家談生意的時候，只要展現出你的數字觀念很敏銳的話，對方就不敢看不起你。」

「可是那些很難的 calculus（微積分）根本用不到啊。」

「非常同意，爸爸以前也曾經覺得很困惑，我學的那些很難的 calculus 是真的在真實生活完全用不到，但那是要走上尖端科技的基礎教育。不過你如果對那方面沒興趣的話，是可以不用把微積分看得太認真，反正那還是好幾年以後的事，你可以十六歲時再決定你喜不喜歡微積分。」

「那爸爸，你覺得我該不該去學校上課？」

「嗯，我覺得去學校上課可以學到很多，尤其是跟這個社會溝通的工具跟方法，像是你們在科學課要做簡報，那就是以後會用到的技巧。像是你喜歡的日文，你以後也一定用得上。爸爸的德文就是在學校學的，到現在跟德國人做生意就會很好用。爸爸的英文也是在學校被嚴格的英文老師刁難，所以我寫的英文商業信的文筆還不算太差。還有爸爸的數學是全校第一，所以我對數字敏感度很高，在做生意上能夠很清楚知道如何在有限的資源下去投資未來。」

「嗯，那我想要回去學校上課了，爸爸你陪我一起把學校的數學功課寫完好不好。」

我聽了真是喜出望外，這是他首次自己說他想回去上學。我們一起把數學功課寫完，我發現我在教他的時候，他所展現出來的專注度跟興趣，比之前還高出許多。我想，應該是心休息夠了，大腦的專注力才會回來。而我，也發現自己也真是休息夠了，也很想回到公司上班。

我想，我們父子從來沒有如此想要回到正常社會上班跟上課。我也很好奇，多了細膩感知的孩子，會如何面對接下來的人生。但我們都知道，當我們工作或上班累了，我們隨時都可以再回到台東都蘭好好休息幾十天，讓自己充飽電再重新出發。

沒想到他回到學校上課後，功課竟然意外的變好了，因為他開始主動想要學習了。現在我主動想要約他跟學校請假一起去旅遊，他反而拒絕我，說他想要功課更好，不希望錯過學習了。

教授給我的寶貴人生課

在 COVID-19 疫情期間，美國的母校俄亥俄大學的人資部門找上我，問我願不願意加入他們的 mentor 導師顧問團，可以給學弟妹一些職涯上的建議。我回說沒有問題，到了我現在的人生階段，我了解到我的成功有很大部分是來自於運氣（光是出生在願意栽培我的好家庭就已經是最好的運氣），所以我願意當個服務者。

在我跟他們聊如何合作的過程中，我談到我在學校時的博士班指導教授 Dr. Nesic 對我的人生有多麼重要的影響，他教會了我永遠要誠實，不管是在做學問，或是做人處事上。我從他身上學到信任感才是最難得的超能力，我非常感激他，不知道學校是否可以幫我連絡上教授？

很快的，隔天學校人資部門就幫我找到了我的教授，老教授很開心跟我連絡上，他跟我講了他過去十幾年做了哪些事，他所經營的油管腐蝕中心經歷過風風雨雨也撐過來了，現在是世界最頂尖的腐蝕研究中心。他的兒子現在大四，有一個很漂亮的女朋友，所以他們沒有什麼好抱怨的。他自己剛得了一個最高等級的教授獎，是學校可以給教授的最高榮譽。他們現在在塞爾維亞照顧年邁的父母。他問我最近好嗎？

十多年前的回憶湧上心頭，那些年的人生不知從何開始講起，但有二件事讓我印象特別深刻。第一件事是，我當年剛搬去美國時，住在教授家客房，某天早晨偷聽到教授跟他當年才四歲的兒子的對話，那時他正在教兒子金錢的概念。

跟一般亞洲父母的教學不一樣，博學多聞的他從歷史開始講起，他說很久以前，在錢的概念還沒有發明之前，人們是用以物易物的概念過生活的。例如我生產牛奶但我想要雞蛋，所以我拿牛奶去跟養雞的人換雞蛋。但如果養雞的人不想要牛奶的話就會很麻煩，養雞人可能需要的是鞋子，所以生產牛奶的人就要先把牛奶換成鞋子，再拿鞋子去換雞蛋，但多少瓶牛奶能換多少雙鞋子或多少雞蛋是很難計算的概念，所以才會有金錢概念的產生。

當時住在客房的我聽了這段父子教育對話，感到滿滿的不可思議，他的兒子才四歲，他卻如此耐心，用如此有邏輯且具歷史背景的故事去解說金錢的概念。這跟我以前所接受的教育方式完全不一樣。

所以當我自己有小孩時，我也期許自己能有智慧的教育自己的小孩。

第二件事是，當教授的兒子比較大了，可以上小學一年級的時候，當時教授手下有十幾個博士班學生，加上教學和研究工作，其實很忙碌。但我發現無論工作多麼忙碌，他總是能撥出時間陪伴兒子，每天陪兒子走路上學，帶領兒子騎腳踏車或是打球。

我小時候幾乎完全沒有時間跟我那白手起家的爸爸互動，因為他實在是太忙了，所以童年的我也學會了適應父母的忙碌跟辛苦。所以我很好奇的問教授：「為什麼你會那麼努力的撥出時間刻意陪伴小孩？」

教授回我的這段話，我到今天還記得：「大多數人都以為他們可以擁有小孩直到十八歲長大成人，但真相是，最好的親子時光只有五到十二歲，因為這段時光他們最需要父母當他們的玩伴，到了十二歲青少年之後，他們就有自己的朋友，父母就沒那麼重要了。」

這段話對我的重要性，比教授教給我的任何熱力學原理都還重要。所以當我的孩子成長時，我很有意識的安排自己的時間，確保每天都可以有高品質的陪伴小孩的時間。

過往回憶不禁浮現的同時，我也跟老教授報告我的家庭狀況：

我的兒子 Savi 是個充滿好奇心的有趣男孩。他喜歡各式各樣的運動，我在二〇二〇年底特地四十天不工作，我兒子四十天不上學，我們父子一起挑戰徒步環島，那個過程最重要的是我們擁有大量的父子時間。

我的女兒 Anna 很早熟，是個優秀的小提琴家、K-pop 跳舞者以及動物熱愛者，我們家養了一隻狗，一隻貓，三隻亞達伯拉陸龜，一隻變色龍，一隻豹紋守宮，二十五隻海水魚（每隻都有取名），以及曾經有一隻會像狗聽命令的鵝。

我花了大量的時間幫我女兒照顧這些動物，我猜如果我在事業上有更多野心的話，我的事業或許可以更好一點吧……

至於事業，人生會把你帶到哪裡去真的很有趣，當我遇見我太太時，當時她才二十歲，跟她爸爸一起剛創業，但沒有做得太好。所以她邀請我加入幫忙拓展國際市場，我們夫妻很用心的把原本快倒閉的公司轉換為台灣最知名的保養品牌之一。但人性就是這樣，賺了錢之後就會有爭執。我們夫妻堅持只使用最高品質的原物料做出一定成效的產品，而這樣的品德是我向教授您學的。因為與太太家族的理念不同，所以我們夫妻決定自己出來重新做品牌跟重蓋新的製造工廠和研發中心。

我們很幸運也很努力，我們又重新成為台灣的保養品領導者之一。

但跟經營事業比起來，我其實更驕傲的是我在婚姻上的經營，因為我認為經營婚姻需要更多的智慧。我還記得當年住在教授你家時，好幾次看到教授跟師母吵架，我很意外的發現，在外面有這麼高光環的教授，回到家是如此的尊重老婆。那個辯論從來沒有輸過的教授竟然會輸給老婆？我在旁邊觀察，當然是知道教授故意讓的。

「這個求生小智慧我有學起來，目前也用在我老婆身上，所以婚姻才能走得這麼順。」我用這句來總結我這取得博士學位二十年之後的人生。

要感謝教授的實在是太多了。跟教授報告近況的同時，我才發現原來我賺多少錢一點也不重要，在教授面前我從不覺得賺了多少錢是值得吹噓的事，我反而很驕傲自己有傳承了教授對家庭教育的堅持，跟親人之間的連結，能否回饋給社會，能否用正直的品德做出不愧良心的事。

這些東西都是我的指導教授教給我的，我很感激我的生命中有這樣的貴人，也想把他這樣的價值觀分享給更多人。

培養實習生去做ＡＩ做不到的事

學校問我的公司能不能參與 Future Leader Program（栽培領導者計畫）時，我當下立刻一口答應。學校希望讓高中生能有機會來公司實習，讓他們能提早體驗社會的工作經驗，我覺得這樣的起心動念很好，而我也想幫助年輕人，讓他們了解社會的樣貌，以及未來他們可能面臨的挑戰。

但因為高中生同時還要上學，所以上班時數無法太多，頂多只能四十個小時。身為公司經營者跟教育者，我面對的難題是，如何讓高中生在這短短的四十個小時裡有學習，同時能對公司有貢獻，又能讓他們看到未來的發展樣貌。如果只讓他們做翻譯工作，那太無趣了，ChatGPT 就能做到。

我老婆小啦倒是有一個很好的想法，她請孩子們運用他們的英文能力，幫我們搜尋國外有哪些不錯的保養品牌，值得我們學習的。她給孩子們幾個知名的保養品牌作研究，這樣一來，搜尋過程也可以有學習，並且對公司有貢獻。而我的內在覺知接收到天線，孩子未來的挑戰不就是跟ＡＩ共處嗎？我心裡瞬間有了答案。

我對實習生們說：「小啦給你們的功課很好很精準，但今天是你們上班的第一天，在我們解決問題之前，先來思考能不能把這個問題變得更好？」

我在白版畫了一個漏斗並寫上ＡＩ，「在未來的世界，只要問題給得夠精準，人工智慧可以找出過去所有的成功範例，這是人類做不到的高效率，但我要說的是，人類一定也有某些技能，是人工智慧無法取代的。」

接著我把「解決問題」往上劃一條線，變成「提升問題讓問題變得更好」，在旁邊寫上註解「increase human consciousness」（提升人類意識）。

我繼續跟他們說，「人類最強大的地方是，我們能夠串聯跟他人的連結，我們不只可以把問題縮小變得精準餵給ＡＩ，也可以把問題放大，並改善問題的本質，這是ＡＩ做不到的，我要你們跳脫框架思考，不要只想我們保養品產業，而是去思考真正的問題，什麼是全部品牌真正要面對的問題？」

Ａ同學說，「一直跟舊客溝通，無法接觸新客，還有信任度。」

我把A說的寫在白版上並問，「很好，那如何提升信任度呢？」接著我把發言權還給他們，他們彼此開始討論著，像是「提升品質、生活品味、透明化生產製程、創新、有魅力讓客戶主動去傳播……」。

「很好，那你們可以想想，有哪些品牌符合以上特質呢？」我再把筆交給他們，鼓勵自由發揮，他們很有熱情地一個個寫下不同品牌所做的驚喜之處，品牌多元到超出我的想像，從重機到炸雞（哈雷到Chicken Fil A），但這些品牌都擁有同樣的特色，就是粉絲會無怨無悔為這個品牌宣導。

我們早上腦力激盪了兩個小時，休息之前，我請同學們分享今天的心得。

「我覺得這樣的練習很好，讓我們跳脫框架思考，原來其他產業的品牌，也有我們可以學習的地方，還好我有這兩個英文很強的妹妹，可以幫忙搜索國外品牌的社群成功範例。」學姊Amber說，看得出來她很開心，充滿了熱情。

「我本來以為我今天無法有任何貢獻，沒想到今天不只學到很多，也可以幫忙大家。」實習生Arielle說。她羞澀的眼神中透露出自信，散發出光芒。她可能以為她只是來生產線上折紙盒累積實習時數，沒想到上了一堂如何引導團隊的領導力課程。

我對他們說，「我們今天早上的練習其實很有意義，你們有沒有發現，我看起來好像只出一張嘴叫你們自由發揮，但其實我在擔任 facilitator（引導師）的角色。我會察覺你們的能量在哪裡，鼓勵你們把能量釋放出來。這是 A I 做不到的，它無法察覺伙伴的熱情在哪，也無法放大問題去串聯不同品牌間的魅力相同之處。我想要讓你們體驗，未來的人生道路上，如果想思考自己如何不被 A I 取代，要往人與人之間的連結去思考，要往資源之間的連結去思考。」

我想讓這群年輕人體驗到，我們應該用投資 A I 相同的資源，投資在提升人類的意識。唯有聚集大家的領導力，才不會輕易被 A I 取代。於是接下來我還把兒童內觀也引進了學校，讓孩子們有機會接觸打坐，藉由對呼吸的觀察，讓孩子紛擾的心平靜下來，才能提升自我的意識，並且察覺到跟他人的連結。

過了二個月後，我兒子很興奮的回家跟我說：「爸爸，我這個學期參加了八個社團。」

「八個也太多了吧？我好奇你怎麼會參加那麼多社團？」

「是學姊叫我參加的，她一直傳訊息給我，跟我說加入越多社團越好，以後申請大學時可以讓校方覺得你是一個擁有多樣興趣的人。」

原來是上學期來我們公司實習的學姊啊，沒想到她用這種方式來回饋我們，我心裡被這女孩的純真所感動。

其實身為一個企業經營者，讓高中生來公司實習只有短暫的四十個小時，是很吃力不討好的事，因為要想辦法親自照顧這些孩子，並確保他們有學習、有貢獻，又要覺得好玩，這是很耗能量的事。但畢竟我的另一個身分是高雄美國學校 KAS 的董事，總是要對學校有些貢獻（順便幫這個充滿愛的好學校行銷宣傳一下）。於是我一直把這個培養實習生的工作，當作是自己在做善事幫助學校，沒想到這宇宙是用很奇特的方式在回饋給我。

我以為我是在幫助他人，實際上，我是在幫助我自己。

原來這一切並不是「幫助」，而是「一起」。因為幫助有上下階級之分，而我們「一起」完成事情，會有彼此互相給予養分的意涵，其實每件事跟每個人都是彼此之間有連結的。

只要**每日養成溝通的習慣，串聯彼此的資源，神奇就會成為日常**。

於是我主動跟學校提出「青少年內觀」的合作，希望學校能提供學習靜坐的環境，神奇的事情就真的發生了。

青少年內觀：讓孩子成為自己情緒的主人

「成為自己內在情緒的主人」是每個人一生的課題，但我發現，不只是大人，孩子們也愈來愈容易有焦躁的情緒，而他們卻不知道自己為什麼變得如此容易爆躁。我想，應該是現在的 3C 環境，讓孩子有太多的外在干擾，孩子們都往外看，看到太多垃圾資訊，讓自己起了比較心，而這樣的比較心讓自己不快樂。他們容易變得焦慮，但卻不自知（像是 IG 上不合理的過瘦身材，或是炫富的生活方式）。

我想倡導兒童提早接觸靜坐，他們才會知道，還可以面對自己的內在，而不是只有外在世界。

如果要成為內在情緒的主人，需要有課程、足夠的時間跟安靜的地方來練習，我想到了學校。

「在這個容易分心的世界，專注是一個快要失傳的技能，」我告訴孩子學校的校長，希望他能考慮讓學校提供學習靜坐的環境。

我本來以為高雄美國學校的大校長會想個理由拒絕我，沒想到校長竟然回：「打坐當然很好，我們每人都需要練習正念。我以前在非洲國際學校當校長時，還會固定聘請靜坐老師來教導孩子打坐。孩子才能從原本在戶外奔跑、打球的高昂情緒中，快速地穩定下來，進入學習狀態。」

經過多次確認課程，校長才放心把學校的場地免費借給打坐課程使用，看到這樣善的循環，我很感動。

我本來不看好有學生願意主動參加，因為要現在的孩子去參加一整天的靜坐，完全不能用手機，幾乎是不可能的事。沒想到竟然有十六個學生報名，遠超過我的預期，因為自己兩個孩子也有參加，所以我也報名當天的志工，義務幫忙課前的前置作業。

我年輕時無法理解為什麼有人想當志工，我猜他們肯定很閒、無所事事，沒想到現在正值事業衝刺階段的我，也正做著無償的志工，但我卻感到無比的滿足，因為我知道會有孩子將會從這個課程，獲得很大的幫助。同時這也是從我汲汲營營的日常，轉場到另一種情境，放下平時經營者角色的自我，單純的只是服務他人。這也是一種放空、休息跟充電。

到了課程當天早上九點半，我們先把十六個孩子的手機收起來，下午四點課程結束，才會把手機還給他們。很意外地，他們很有默契地全都乖乖把手機交出來，沒有任何掙扎。

我先跟他們介紹靜默的重要性，進入打坐的教室時要保持安靜，打坐全程不能出聲（除非助理老師問問題），不能離開自己的坐墊，也不能躺下。

因為是孩子的課程，不像大人的十日課程那麼嚴格。我們每次打坐只有半小時，靜坐課程跟課程的空檔，孩子可以到旁邊的餐堂休息十分鐘，可以說話。而且我們會穿插各式各樣的遊戲跟活動，讓孩子們不會覺得太辛苦，甚至還用測腦波儀器，測孩子的專注度。

靜坐課程中，老師仔細地跟孩子講解，學習觀察呼吸是因為心很難駕馭，不是跑到過去，就是跑到未來，很少在當下。藉著不斷練習觀察呼吸的一進一出，同時感受鼻孔附近的氣息，這樣一來，心就會慢慢穩定下來，愈來愈平靜。

老師在每次的課程會穿插一些富有智慧的小寓言故事，讓孩子了解不要成為心的奴隸，而是成為心的主人。

隨著每次三十分鐘的打坐，孩子從第一堂課的扭來扭去，到下午漸漸穩定下來，讓我不得不佩服孩子的可塑性。只要種下了這善知識的種子，他們日後的人生肯定用得上。

午休我會跟孩子們聊天，問他們為什麼想報名打坐課？我那十二歲女兒的同學，從小就想當職業高爾夫選手，說他知道世界知名的運動選手都會藉由打坐讓自己的心智更穩定，運動表現就能更好。

我問十六歲的高年級生為什麼會想報名，她們說自己的心常常會很焦躁，所以很好奇想要了解打坐是否有幫助。其中還有一位女高中生說，「我國小五年級的老師，她每次上課前都會教我們靜坐五分鐘，讓我們的心穩定下來，我覺得那很棒，只可惜沒有任何其他老師這麼做。」我想要謝謝這位老師，無論你在哪裡，你在孩子的心中已種下寶貴的種子。

學校是孩子們平時熟悉的環境，他們在這裡感到很自在、很放鬆，所以也會出現以下這樣的對話。

同學會問彼此，「如果你的心跑掉了，該怎麼辦？」我心裡正想說，正確答案是刻意加重呼吸，沒想到另一位同學回他說，「我的心不會跑掉，我就像 Dr. Strange（奇異博士）一樣，我是自己心智的主人，我甚至可以感受到你的氣，因為我是超級賽亞人。」

我也忍不住加入他們的童言童語，「很好，那等一下我們進去打坐的時候，我希望你可以感受到我送給你的慈悲觀，你會感受到我一直傳送給你的愛，要好好接住！」

下午老師把學生叫去一一抽考，他問，「你的心有沒有像一隻猴子，不斷地跳來跳去想不同的事情？」我兒子的同學回答：「對啊，它剛剛跑到了新竹。」（為什麼是新竹啊，我在旁邊聽了偷笑），老師接著問我兒子，「你能察覺你的呼吸嗎？」「可以，但我卻聞到屁味。」（我在旁忍不住笑了出來，他是來亂的嗎?!）老師很冷靜地回應：「很好，我們不要被他人影響。」我不知道老師如何在這種情況下保持冷靜，因為周遭的大家全都憋笑憋得很辛苦。

最後課程結束時，我們把手機還給孩子們，我從他們的表情猜想，他們大概不敢相信自己竟然度過完全沒有使用手機的一天。而課後問卷調查也顯示，他們並不排斥再來上課（前提是同學也一起來的話，還有食物很好吃）。

我很感恩自己的兒女也順利完成一整天的靜坐，而這也是我第一次有機會，看到自己的孩子認真靜坐的模樣，看到他們那專注又平靜的神情，感到很安心。我知道，不管他們往後的人生遇到什麼挫折，已經有這麼棒的寶物來幫助他們內在穩定，並且度過難關。

事業上擁有國際觀

光是厲害還不夠，還要夠綠：加入 RE100 會員

跟兒子一起四十天環島旅行回來後，我們收到了法國樂蓬馬歇 Le Bon Marché 百貨公司的來信。

樂蓬馬歇隸屬 LVMH 集團旗下，是巴黎左岸的貴婦百貨，也是世界第一座百貨公司。他們在信中提到，身為精品百貨的領導者，必須做好的典範，率先轉型為重視永續、在乎環保的百貨公司。

他們也希望在樂蓬馬歇上架的品牌，也能配合他們轉型的腳步。他們想了解我們在產品製程、包裝，以及運送，是否符合永續條件。品牌如果能夠做到，他們會讓銷售人員特別推薦這些具有環保永續意識的品牌給消費者。

他們今年的主軸是，成為環保永續的倡導者，而不是引進新品牌。這也意謂

著，還沒有環保永續意識的品牌，被消費者唾棄前，將先被通路淘汰。

以往品牌如果有額外餘力做環保永續，是對品牌有加分（nice to have）的事，現在卻變成品牌非做不可（must have）的事。於是，光只是做出厲害的產品還不夠，產品製程還要夠綠夠永續，企業也才能永續。所以，我們決定申請成為 RE100 會員。

由氣候組織（The Climate Group）與碳揭露計畫（CDP）共同成立的 RE100 認證，是目前最重要的永續認證之一，台灣目前有二十多家企業加入，包括千億營收等級的台積電和聯電。

因為我們很在乎永續，所以我們承諾在二〇三〇年達到百分之百再生能源使用，再加上佐研院得到了 WAF 綠建築獎，讓我們去申請 RE100 會員認證時可以順利合格。

在競爭環境險峻的當下，勇於挑戰更高成本的永續、綠能和再生能源，這並不簡單。我認為不必等到成為千億等級的大企業，才開始關懷環境，不管企業再小，都應該有勇氣反思，如何讓自己更好，如何成為社會的典範，如何影響更多人，對自己更好，並同時對地球更好。

我們當年的想法很單純，只是為了求生存，為了讓自己的保養品工廠，有資格接國際品牌的代工訂單。如今我很慶幸，當年有事先做這些準備，我們才具備永續的價值。雖然歐洲在永續議題走的比較前面，但如果能事先看到歐洲市場的挑戰，就等於能預測其他市場的未來機會。這也是我們身為台灣品牌，想要回饋給台灣社會的事。

外在環境不斷改變，企業要存活下去真的很不容易。我想要感謝自己從一而終的願意改變，願意學習，願意接納自己的不夠好，願意為這個世界多做一點好事。

COVID-19 疫情期間居家上班上課，我在家裡工作時，常常會跟孩子共用同一個桌子。

「爸爸，你在做什麼。」兒子問我。

「我在寫開發信給客戶，希望他們未來的新產品可以交付給佐研院代工。」我埋首在螢幕前，頭也不抬的回他，繼續寫我的開發信。

「你要寫幾封啊，他們會理你嗎？」

「我一個禮拜大概會寫二百封，通常只有五個會回我，然後這五個大概只有一個會成交。」

「天啊～二百個人才成功一個，也太少了吧。」他驚訝地說。

「而且這一個還要花大約半年到八個月左右的時間溝通，才會決定下訂單，有的甚至要花超過一年的時間來回確認打樣的品質才會相信你。」這時我把視線從電腦螢幕前移開，耐心的對他解說，因為我發現這是很好的機會教育。

「這也太辛苦了吧～」我感受到他很震撼。

「但是，只要有跟我們成立合作的客戶，基本上就會是一輩子的客戶，因為我們的品質跟服務都太好了，他就回不去一般的代工廠了。又加上我們是RE100的會員，在綠電製造跟永續這一塊走得比較前面，會是許多人心目中一直在尋找的理想保養品代工廠。而且我們還會當客戶的品牌顧問，幫他們做策略分析，當他們的廣告行銷公司，幫他們想文案，甚至還會當他們的業務部門，為他們做簡報，讓他們可以去pitch（提案）給通路，你有興趣聽看看嗎？」我按下了簡報播放的按鈕，讓兒子知道我做簡報的邏輯設計，如何站在通路的角度去思考，上架（我們所代工的品牌客戶）的好處在哪裡。

這是疫情送給我們的最大禮物，可以讓孩子們天天看到父母親工作的模樣。讓他們知道家裡的每一份收入都是我們用盡心思才能賺到的辛苦錢。

我們以身作則讓孩子們了解，腳踏實地的工作態度，只會是未來職場的基本配備，還要想辦法跳脫出框架，運用創意做出其他人沒有想過的服務。

就連做代工，也要運用品牌的思維，才能做出有國際競爭力的新代工模式。

黃金業務員離職帶走的提提研客戶，為何統統回來了？

我們以前有一個業務，他開發新客戶的能力很強，擁有很多優秀的業務特質，像是鍥而不捨，不會過度給客戶下單的壓力，但總是會適時的提醒客戶，並且定期追蹤客戶的狀況。可以說是我們的黃金業務員，曾經為我們帶來了大量的代工訂單。

之後他離開了公司，也把這些舊客戶幾乎全帶到別家公司，而這些國際客戶的人脈資料，都是我們過去參展上百場才累積蒐集到的。但我沒有怨他，因為那是我自己管理不夠周全，更何況當時歷經失去工廠，我正忙著蓋全新的保養品工廠跟專心經營品牌，也無法服務這些代工客戶。

但自從我們佐研院蓋好之後，這些老客戶們卻漸漸一個一個回來找我們，我好奇問他們，「為什麼會回來找我們呢？」

「說真的，他給的報價真的很低，但背後的研發團隊都沒有進步，只能給出了無新意的配方，不像你們的研發團隊，總是能言之有物，跟我們仔細解釋不同新品配方背後的原因，是符合趨勢的服務。」

這時我才發現，我過去在最艱難的時刻做對了一件事。

在失去工廠的那一刻，我們的研發部門、生產跟品管團隊，瞬間失去了舞台，但我沒有放棄他們，還是帶了這群伙伴跟我一起從頭開始。雖然當時這個決定，要付出額外人事成本的代價，但我們夫妻沒有任何懷疑，認為那是最基本該做的。

大部分的品牌公司在沒有自己工廠的情況下，都會精減人事成本，只留下行銷跟業務部門，然後把研發、生產跟品管的功能，外包給代工廠，但對我們夫妻來說，那不是選項。我們覺得要懂得製造的細節，才是做品牌的基本原則。

這個決定並不是「堅持」，因為「堅持」的定義比較像是硬著頭皮，靠著毅力忍耐著極大的痛苦去做。這個決定比較像是呼吸一樣的自然本質，我們並不會堅持自己一定要呼吸，而是自然而然就會呼吸，自然而然就想這樣做。

等到我們花了三年終於蓋好自己的研發生產基地，開始重新跟代工客戶接觸後，我們才發現，這件對我們來說，像是呼吸一樣自然的本質，對大部分公司並不是。很多代工客戶回饋說，「你們還可以給我們品牌方面的建議，以及B2C面對消費者的行銷建議，同時又能提供永續生產跟綠電製造，這是其他代工廠做不到的。」

聽到他們的反饋，讓我們印證了一件事，擁有自有品牌，並不一定完全跟代工業務有抵觸，反而因為我們有做品牌的經驗，所以我們懂得銷售的語言，我們知道世界的流行趨勢，不只是可以創造出符合新流行趨勢的產品，同時還能給客戶更接地氣的行銷建議。

有一句話說得好，「學會『創造』和『銷售』，世界就無法阻止你。」

我們在事業的後半場，一直用心學習做品牌的銷售方法，於是我們很清楚自己的強項是品牌行銷。但我們有時會不小心忘記我們原本就賴以為生、像呼吸一樣自然的產品創造能力。

常常有人說，我們應該要珍惜危機，因為那是養分；但我們更應該珍惜的是，在危機時刻讓我們可以持續走下去、並賴以為生的本質。我們常常會忽略它，就像我們忽略呼吸一樣。

請你們想想，有什麼是你獨特的本質，卻總是被你忽視，或許那才是你最珍貴的寶物。

我問這些回鍋的老客戶們，「還有什麼是你們會重新回來找我們的原因？」幾乎每一個都回答，「你們加入國際氣候組織的 RE100 會員，這正是我們需要的供應商，因為未來消費者跟販售通路，將會愈來愈在乎永續環保的議題。」

這才是我想給公司加裝的護城河，不只擁有超強的研發能力，創造出好產品；不只懂得品牌行銷，同時還要因應國際趨勢的永續發展，讓消費者跟買家在過程中都為世界盡一份心力。

所以我想要在原本的佳話上再多加一個註解，**「學會『創造』和『銷售』和『永續』，連未來的世界也無法阻止你。」**

如何失敗得很有人情味：忍痛結束法國子公司

二〇二二年，COVID-19疫情還沒結束，我們一直在思考疫情之下，歐洲子公司的狀態，我們用盡各式各樣的方法，歐洲的業績始終沒有任何起色。

在疫情的情況下，法國子公司連續三年虧損，我們實在看不出法國子公司盈虧打平的可能性，尤其是從止血的角度來看，再加上未來的市場策略，我們決定忍痛關掉法國子公司。

關掉歐洲的子公司是一個很困難的決定，尤其法國是個很保護員工的社會福利國家，我相信很多企業都面臨員工極大的問題，甚至搞到關不掉，很難全身而退。

這個決定最大的挑戰是，要有人去執行關掉子公司這件事，尤其是在疫情當下，我們不可能讓任何台灣員工冒著生命危險去法國。所以我們只剩下一個選擇，就是讓法國子公司當地員工協助我們關掉子公司。

等等，讀到這裡你一定以為我在開玩笑，怎麼會有員工心甘情願幫助母公司關掉子公司，讓自己失業？這等於是自殺的行為啊！但我們真的成功說服了法國的員工們，這一切都要感謝我們願意彼此同理。

在與法國溝通的過程中，我打開我的覺知跟同理心，我能清楚地感受到法國員工們的恐慌，於是我很有耐心地天天跟他們打電話溝通。

法國員工大多已經五、六十歲，他們看到身邊大量的朋友面臨失業，非常擔心自己日後的生計。我很仔細跟他們分析，其實我們真正的敵人並不是疫情，主要是法國政府的稅金太高，讓母公司吃不消。

但如果把法國子公司關閉，等於中斷了目前所有歐洲通路的商業合作，也會讓提提研在歐洲經營十年的品牌知名度消失不見。所以我們提出了更顧慮全局的方案，那就是把子公司轉換給員工，幫助他們創業，讓他們成為自己的主人。

當法國子公司不再受台灣母公司的掌控，他們就不再需要配合總公司政策，支應昂貴的相關費用，例如四大會計事務所的審計費用等，可以節省一大筆支出。如此一來，我們除了成功讓法國公司的經營產生更多獲利，保障了當地員工的生計，長期來看，我們的產品也得以持續在歐洲維持銷售發展的利基，形成雙贏的局面。

表面上看來，我們把法國同仁從子公司的員工，變成歐洲區的提提研品牌代理商。但我們不只讓他們享有和子公司同樣的地位，我們還送給他們目前放在歐洲的產品存貨，等於給他們免費的創業資金。我們還贈予接下來公司轉換期間的薪水，以及未來疫情期間跟母公司買產品的超低成本價，幫助他們有足夠的獲利可以養活自己。連我們在歐洲經營長達十年的通路人脈跟品牌光環都讓他們享用，讓他們更放心創業。

如果我沒有轉化，或許還是以前那個對數字斤斤計較的商人，永遠只想到自己，用最快的方式關閉歐洲子公司，不管歐洲員工死活。

但「快」真的比較好嗎？

現在的我會去思考，有沒有更圓融的方法，雖然比較費時費力傷財，但長遠來說，將是更能照顧他人的正確之道。

把法國的同仁給照顧好，品牌也可以同時被看顧好，不會只看到短期的數字損益。

歷經兩次內觀中心的禪修，以及天天的自我練習內觀。現在的我不只打開了覺知，還更會用慈悲心關照他人，想到他們的困境。和他們溝通的過程，我希望讓他們感受到，台灣總公司並沒有背棄他們，而是關心他們日後的生存，做了很大程度的讓利。在疫情結束之前，都可以讓他們用工廠成本價跟我們採買產品，讓他們在法國以更好的公司形態生存下去。

於是，神奇的事情發生了，當他們褪下了員工的角色，思維轉換成老闆，他們不再被動等待指令，開始變得更積極向上。不只在品牌代理上更積極思考，如何突破封城的限制轉做線上銷售，還會主動思考如何利用母公司在台灣有佐研院這個研發生產總部，為他們增加額外收入。

在沒有我們督促的情況下，法國友人開始主動開發新代工客戶，並且也成功幫我們的保養品工廠爭取到芬蘭保養品牌的新代工訂單。

我們不只把品牌給保存下來，同時更多了代工訂單，還把法國員工照顧好，這是多麼美好的事啊！

面對改變，法國員工一開始是恐懼不安，沒想到卻因為這樣的改變，讓他們發現自己有更好的可能。

我現在愈來愈相信「心想事成」這句成語的可能性，只要你心存善念，並抱著一顆幫助他人的心，就算面對再怎麼不可能的挑戰，最後都會變成一樁好事。而我，也因為幫助法國友人看到新希望，感覺特別開心、特別有成就感。這個成就感比帳目上多賺多少個零，更讓我感動。

大部分的企業報導都是分享成功，我卻想分享如何失敗，又能很有人情味。

輯三

我的原生家庭vs.成爲更好版本的自己

心想事成的力量

我們家一直都很喜歡大狗，尤其是黃金獵犬或拉不拉多那種的，但礙於我們經常出國工作，我老婆小啦一直拒絕小孩養狗的請求。

但小孩彷彿學到了他們父母強大的堅持意念，總是在街上看到黃金或拉拉就會出現一副很癡迷的樣子，我女兒也是成天掛在 youtube 上看如何養小狗的影片。於是我想我應該去問看看導盲犬協會能否讓我們領養他們的幼犬，幫助他們幼犬在接受正式訓練之前，能得到有愛跟關懷的照顧。

我得到的回覆是他們很缺這樣的家庭，所以我當下第一時間印下了申請表格，不經意的貼在老婆必經的電梯內，給予潛意識洗腦的第一步。然後開始傳一些令人看了心會融化的狗狗照片，跟太太說，其實領養導盲小犬只需要養一年，不會花太多時間。

潛意識洗腦的第二步，完成。

老婆某天工作回來後，發現餐桌上已經填寫好了申請表，只剩她的配偶欄還沒簽字。最後她終於敵不過三雙眼睛熱灼的眼神，終於簽下了字。於是我們立刻寄出了email，我的女兒還怕對方可能沒收到，於是我帶她去便利店體驗什麼是傳真機。

傳真機在傳送時，她問：「為什麼要那麼久？」

「因為要確保對方有收到實體的紙啊。」我饒富知識的回答她。

傳真結束後，我們父女手牽手回家，女兒開心地說：「這是她最快樂的一天了，因為她終於可以圓夢養小狗狗了。」

「爸爸也很開心，因為爸爸自己也超想要養導盲犬，這故事告訴我們，心想事成的力量很重要！只要你堅持不放棄，就連媽媽這樣堅持原則的人，也會被我們說服。」

我把我緊握的拳頭伸了出去，她的小拳頭也伸過來輕輕碰了我一下。這一刻，我們父女永遠也不會忘記。

三個月後，導盲犬協會終於來訪。

因為家裡已經有一隻九歲的巴吉度 Bello，所以協會的人很謹慎，不希望新的小狗來造成原有的狗覺得失去關愛而心理不平衡。因為小狗太活潑都會去鬧老狗，於是我們先安排一次讓訓練師先帶年輕狗來跟我們家的老狗 Bello 面試互動。

沒想到面試當天出現了二隻導盲犬，一隻是很活潑亂跳的年輕犬，一看到 Bello 就很瘋狂想找她玩，Bello 覺得很煩很困擾，一直躲著年輕幼犬。而另一隻卻是非常的穩定，乖乖的坐著等待。

「為什麼會帶二隻狗來面試啊？」我好奇的問台灣導盲犬協會的工作人員。

「這個是安卡（Anca），他八歲，他是已經退役的導盲犬，原本已經幫他找到收養家庭了，沒想到收養家庭的小孩會過敏，於是我們只好把牠領回來，但因為時間太趕來不及帶回協會，於是只好順路來陪這隻年輕的小狗面試。」

我們夫妻聽到他被退貨，心生不忍，又加上看到牠的個性是如此的穩定，眼光都在牠身上，這時我老婆突發奇想講出：「我覺得牠很適合去認識一個人。」

「誰啊？」

「住在三樓的阿嬤。」

於是我立刻衝去三樓找我媽，我跟她說：「來~媽，我介紹一個新朋友給妳，這是導盲犬安卡，牠今年退休了，要找收養家庭，但因為原本要養牠的家庭有小孩會過敏，所以被退貨，目前沒有家。」

我媽見到這隻被退貨的導盲犬安卡，一見如故，她立刻蹲下抱著牠的頭說：「唉啊，安卡，你真乖啊，你要不要來跟我住，我們一起老死吧。」

（這時我的母親已經六十八歲，身體變得很虛弱。我的媽媽白手起家，長期在充滿壓力的情況下做生意，因而得了胃病，拿掉了整個胃之後，只能直接用腸子消化食物，造成長年的身體病痛，但為了家人，她仍堅強活著，撐到了晚年，過得越來越辛苦，因為膽汁逆流而長期失眠的她，早已失去了笑容，覺得自己的人生變得很空虛落寞，已沒有活下去的價值。）

而她見到了安卡的當下是喜悅的，我好久好久沒有看到她臉上散發出如此的光芒、如此的能量，那份愛感染了現場所有的人。看到她對人生又重新充滿了活下去的動力，我好為我媽感到開心。

於是就這樣，就像很多藝人曾經說過的：「我只是來陪我朋友面試的，沒想到我就莫名奇妙被錄取了。」

安卡到我們家才一個星期，就已經讓我們覺得好不可思議，這世界上怎麼會有這麼聰明有家教的神犬。我一直以為我很會養狗，原來才發現自己只是業餘水準。

孩子們已經完全忘記我們原本只是要成為幼犬的寄養家庭，現在全部一致改口說：「養這種已經訓練過的狗狗實在是太棒了，不用再去訓練生活規矩及社會化行為，牠真的是世界上最最最聰明的狗。」

其實在圓小孩的夢想時，真正圓的是我自己小時候的夢想，我才是那個真正超級無敵開心的人。

因為這隻退役導盲犬的到來，我們家多了好多歡笑跟祖孫三代的互動。收養這隻退役導盲犬真的是我人生最棒的決定之一，也是上天送給我們家最棒的禮物。

而養過有受訓過的導盲犬就回不去養一般犬了，因為受過訓的導盲犬真的是超級聰明跟善解人意，還超級會撒嬌。他狂舔我對我所散發出的愛，讓我覺得我是牠生命中最重要的人。他有一種超能力，能讓家裡所有的人都覺得他才是牠生命中最愛的人。

尤其是我媽，安卡讓我媽覺得她有很重要的任務要把牠養好，所以她每天會仔細幫他刷牙、梳毛。每天例行散步回家後一定會幫牠擦腳、擦臉、洗耳、擦屁股。她是真的把牠當成像是人類的小孩在養育。

每當她的孫子孫女一下課，就會立刻衝回家去三樓阿嬤的樓層想找安卡玩，但這時阿嬤就會把她的孫子孫女趕到別的樓層去，要求他們只能七點之後才能來領安卡玩。她認為狗要有固定的生活作習，白天七點到晚上七點只能跟阿嬤在同一樓層，而不是在其他樓層跑來跑去。而且這樣小孩也才不會分心，才能專心寫功課或練琴。

當我聽到我媽對安卡有這樣的規劃時，看到她很久沒有出現的堅定清晰的眼神竟然又出現了，年輕時期的虎媽性格又回到她身上了。當年她就是用鐵的紀律才能教出我這樣對自己嚴格要求的兒子。

於是當許多人來我家想要見識導盲犬時，只要朋友的時間待太久，她就會把我們都趕走，說我們這樣會讓她的金孫太累，然後她就會帶她的金孫進她的房間睡覺了。

我媽也因為這隻導盲犬安卡，又重新願意出門散步，甚至還會帶去朋友家炫耀她的金孫。原本我媽居住的樓層是沒有流動的沉殿氣場，如今有了這隻退役導盲犬安卡的加入，每天都是充滿了歡笑，氣場又重新流動了起來，而且是充滿了愛的能量。

「喂～妳這樣要活得比這隻狗還久才行啊！」我爸開玩笑的對我媽說。

「安卡，為了你，阿嬤只好再多活幾年了。」我媽抱著安卡的大頭，溫柔的對牠說。

看到這一幕實在讓我內心充滿了喜悅，謝謝安卡讓我媽又重新找回了活下去的動力。

我的媽媽：面對死亡，才能珍惜活著的當下

笑看死亡的生命教育

我有一對很酷的父母，他們對我從小的教育非常開明，對他們自己的人生規劃，也一向非常豁達。關於生死的議題也一樣。

有一天，我的爸媽跟我們夫妻說，他們把兩個塔位的管理費提前付清了。然後我媽把我們夫妻倆叫去她房間，打開了她人生最後一趟旅程的小行李箱給我們看，裡面有她的壽衣跟珠寶，告訴我們說，她走的那一天，她希望穿上這樣的打扮（此時我媽媽的身體已經因長年的病痛極度虛弱，我們也都做好了她隨時有可能離開的準備）。

她說一般的禮儀師都只會給死者穿黑色的壽衣，很不好看，所以她選了愛瑪仕的絲巾，可以用來蓋臉跟全身。她的壽衣穿搭都拍好了。我把這些秀在臉書上，網友們還說這優雅風格像三宅一生。

媽媽交代說，她走了以後，做 Spa 的精油要選檀香，而且一定要記得買三種花來搭配（交代了至少五次），一支支玫瑰和海芋、百合混搭，要每一個客人放一支在棺木內，然後告訴媽媽：「身體好了，沒有罣礙了，好好離開。」

她還選好要用哪張照片跟棺木一起火化，還有會場照片要放哪張，因為她想提醒大家，她生前很優雅的姿態。

重點是她的珠寶，她要我們眼睛盯著玉珮，讓她戴著一起入棺火化，如果沒化掉，也是一起入甕，才不會被工作人員偷走，因為那塊玉珮價值連城。

交代完她人生最後一趟旅程，她整個狀態變得更輕鬆自在，是一種可遇不可求的坦然。

我媽這個做法，我覺得是很棒的生命教育，我們夫妻也從中學習到很多。關於生死議題，當家裡長輩的思想觀念開明豁達時，晚輩就不會有不知所措的壓力。

媽媽希望她在意識還清醒時，可以讓我們知道她的告別式想要的每一個細節，我們也看到她的智慧背後那無可救藥的浪漫，我們討論的過程非常輕鬆。

我還開玩笑跟她說，「對啊，我也覺得這樣很好，我們才不用一直擲筊問你。」我們全家都用很正面的態度來面對死亡，這樣我們才會很珍惜每一個活著的當下。

我跟媽媽說：「死亡並不是終點，你如果走了，我會很開心你脫離了肉體的病痛，我們會為你慶祝。」

看到媽媽到生命最尾聲，還能按照自己的決定，我很替她感到開心，這樣的生命教育給我的省思是，面對死亡，除了說再見的悲傷以外，我們還能擁有更多其他的收穫。我們每個人終會遇到死亡，先想好如何讓自己有尊嚴地走（包括是否放棄急救），才不會讓活著的人無所適從。

我爸才是最幽默的人，他說，「我只要美金就好，記得燒美金給我。」果然是白手起家的生意人，他知道美金是強勢貨幣，到另一個世界應該也是通行無阻吧！

死不是生的對立面

我非常感謝《斷食善終》的作者畢柳鶯醫師出現在我的生命中，在我媽媽去世前，我們的 Podcast 採訪了畢醫師，因為我想要為媽媽的肉體苦痛做一些事情。

在那二小時關於《斷食善終》的訪談，我們了解到死不是生的對立面，而是一部分。畢醫師說：「其實斷食不是重點，重點在於陪伴善終的最後一段旅程，要讓長輩知道她這一生的意義和價值。」

訪談完回到家的隔天早上，剛好媽媽來找我聊天，她一如往常的向我訴苦：「李昆霖，我真的好想死，我覺得自己的人生一點價值都沒有，我不想拖累你們，我沒有活下去的意義。」

我這時打斷了我媽，跟她說：「媽媽，你說這句話我不同意。你的人生太有價值了，要不是你如此重視教育，我跟妹妹不會取得這麼高的學歷。要不是你鼓勵我自助旅行，我不會有勇氣創業。要不是你強迫爸爸提早退休，堅持全家移民，我不會有完整的童年跟現在的國際視野。這些都是你帶給我們的，你的人生太有意義了！」

一直都是乖乖聽話的我，難得的當了一次逆子，反駁了我媽的觀點。然後我跟媽媽說：「你的肉體讓你真的活得很痛苦，我完全理解，那你要不要試看看斷食這個方法，按照你自己的意願依照你想要的時間離開？」我拿出畢醫師的《斷食善終》給她看。

過了幾天她把書看完了，她說她願意嘗試斷食，但希望有畢醫師的陪伴。當時畢醫師去歐洲旅行，所以我們就決定先不斷食，但依舊照著畢醫師書中所寫，親人如何彼此陪伴的方法，先錄一段她想對親友說的話的影片。

我問她：「你離開前有什麼話想對大家交代的，我們來錄下這些影片好不好？」

媽媽說好，於是我用手機錄下了珍貴的影片，在影片中她對每個她所在乎的人說出了她對他們的感受跟期許。

其中她對我說：「昆霖，你所做的一切都沒有讓媽媽失望。我雖然書讀得不多，但我很愛讀書，我知道讀書的重要性。還記得你小時候手斷掉，媽媽還要求你隔天就要上學。這是媽媽的苦心，我不懂溫柔，如果說唯一遺憾的，就是我對你太嚴格。」

媽媽對著正在錄影的我說完這段話，而我也當下給她反饋。

「媽媽，我覺得這是你給我最大的禮物，你對我要求這麼的嚴格，培養出我堅強的個性，如果沒有你的堅持，我肯定不會是現在的我。」

我讓她知道，她的人生是充滿意義的，她的正能量影響了許多人。當下她流下了眼淚，我們母子擁抱在一起，我當下不知道的是，這是我最後跟媽媽相擁在一起，也是最後幫媽媽錄的影片。

兩個星期後，當媽媽去世的那一刻，全家人聚在她的身邊時，我知道她雖然心臟停止跳動了，但還是能感知到我們，我感覺她可能還有一些話想對我們說。於是我拿出之前事先錄製的影片，播放媽媽交代的話給現場的親人們聽。

當下我們感受到的並不是悲傷，而是滿滿的感謝跟愛。

感謝她為我們全家付出了那麼多。

我很慶幸我錄了這段長達十七分鐘的影片，可以讓她好好的跟她最親近的人告別，讓她可以放下好走。

我想，這是我做過最孝順的事情之一了吧！我把影片寄給澳洲的妹妹，把媽媽想對遠在澳洲的妹妹所說的話，把遠方阿嬤想要交代國外的三個孫子的每句話都傳達給她們。

妹妹很感動我為她做了這件事。而我覺得自己終於有比較像個哥哥的樣子了。而這也是媽媽臨終送給我們兄妹的禮物，重啟我們兄妹之間的連結，現在我們會很常彼此互相問好。

回想起來，我媽真的很前衛，她可以接受新的思維並且願意嘗試，只是還沒開始嘗試斷食，她就先善終了。媽媽如果還活著的話，也應該會希望我分享這一段我們母子之間的互動給大家知道，這會是她希望送給大家的禮物。

我想要分享畢醫師的好書《斷食善終》給大家，我們在人生的某一階段或許都會用得上，因為它教導我的是，讓陪伴死亡這件事變成像是奇異的恩典，讓長輩多了那一份自我認同與安然。

我與爸爸：父子的晨間對話，成為相互之間最大的福報

我爸是一個非常不喜歡旅遊的人，比起旅遊，他更大的興趣是做生意的挑戰。熱愛自助旅行的我媽總覺得他是個在這方面很無趣的人，所以都是我媽跟她的朋友去自助旅行環遊世界。

二〇二二年媽媽去世後的那幾天，或許是突然不用照顧我媽，頓時失去生活重心的他，每天早上四點起床爬壽山，於是我也陪著他爬山。在某次爬山時他說：「我想出國散心走走。」我從來沒有聽過他說他想出國散心，看到他那哀傷的樣子，我當下答應他，於是我們預訂了京都的旅程。剛好當時有個日本的商業夥伴想帶我們全家去看舞伎跟藝伎的表演，這樣的私人邀請是千載難逢的好機會，也想帶爸爸去見識一下。

學會放過自己

帶爸爸到京都玩的那幾天，我知道他都很早起床，也知道他是一個總是替他人著想的人，縱使他很早就醒來，他也會一直躺在床上不敢起來活動，怕吵到大家。所以在京都每天早上五點半，我都會主動起床，約他出門去皇居的大森林散步。

「爸爸你昨晚睡得好嗎？」我總是會用這樣的開場白來關心他。

「好睡，這裡真的好睡，完全沒有任何聲音，好安靜，我很喜歡這裡，比飯店還好。」這是他第一次住Airbnb，而我們也很幸運的住在一個很復古的社區小巷弄裡，整體環境非常有氣質，整天沒有任何吵雜聲。

然後他跟我分享他這幾天來京都的喜悅，也跟我分享他內心的擔憂。

「我以前的數字能力很好，心算很強，現在我漸漸失去速算的能力了，而且我發現我的記憶力越來越差了，我真的不知道該怎麼辦才好。」這已經是他講了好幾次的煩惱了，以前我每次都靜靜聽他講完，今天我突然有個靈感，想跟他分享一句古人說過的話。

「爸爸，你知道嗎？魚網的存在是為了捕魚，當你捕到了魚，你就不再需要魚網了。」
「對對對。」
「那兔籠的存在是為了抓兔子，當你抓到了兔子，也就不需要補兔的陷阱了。」
「對對對。」
「那語言的存在是為了溝通，當我們彼此之間的溝通只需要一個眼神或一個動作就可以傳達，也就不需要言語了。」
「吼～～對耶，像我跟你媽生活那麼久，她一個動作我就知道她想要什麼了。」爸爸聽這個故事聽得很有感，把自己置入那個情節了，所以我再來一個即興發揮：「那爸爸，你以前頭腦那麼好，算數字那麼精明，是為了做生意養家餬口。但現在你已經成功養活了我們下一代，還為我們鋪了那麼好的路，你再也不需要做生意了，所以你也不需要那麼精明的頭腦了不是嗎？」
「吼～～李昆霖，你今天講這句話真的給我很大的啟發，你這樣一講，我就會放過我自己。」
「對啊，爸爸，我們都要學會放過自己，因為最好的升級並不一定代表要維持外表形態的健康，而是要能夠接受大自然運作的原理，能夠心態穩定的死去。其實剛剛那個故事也不是我發明的，而是莊子說的。」

「吼～李昆霖，我沒想到你讀那麼多書，跟你聊天很有趣。」他笑得很開心。

爸爸，因為這些都是我從你身上學來的啊，只是你自己忘記了。

父子之間的情感，無價。

註：《莊子．外物》

荃者所以在魚，得魚而忘荃；蹄者所以在兔，得兔而忘蹄；言者所以在意，得意而忘言。吾安得夫忘言之人而與之言哉。

筌，是竹編的魚籠，用以捕魚。蹄，是捕兔用的網子，即是兔罝。莊子用筌和蹄比喻為了達成目的而採取的手段，捕捉魚和兔才是獵人真正的目的。如果已經捕捉到魚，那筌就沒有用處，已經捉到兔子，那蹄也失去了作用，這兩者就可以拋棄不用了。同樣的，言論和著作是用以闡明道理的工具，莊子認為天地間的至理，並非言語文字所能傳示，所以主張人不可拘泥於語言文字之中，一旦通達道理，就應該捨棄這些外在的形式。（引自教育部《成語典》）

永遠不要否定過去的自己

來京都的第四天，我們父子依然一大早就走去皇居的大森林散步。經過寺廟時，他指著木門說他小時候的家也是這樣的木門，看到這個很是懷念。

「現在台灣應該是看不到了吧？」我問他。

「很少，因為我們當時急著發展，想要進步，所以就把舊的東西給全拆了。我們當時很窮，所以眼中只看到錢，只想要賺錢。」

然後他轉而抱怨他身邊的親友，到現在還是只看到錢。

我靜靜的聽著他的分享，感受他的觀點。

之後他話鋒一轉，訴說他自己以前也是會以金錢為中心，覺得自己以前也是很粗俗。

這時我輕輕開口說：「爸爸，我們永遠不要否定過去的自己，以前的你需要生存，所以錢非常重要。生存是我們的最基本需求。當我們有了錢之後，我們會渴望性，渴望身體的接觸。然後我們會想要擁有權利，因為我們想要掌控。有了權利之後，我們會想得到信任。然後再來更高的境界是愛，是對他人無條件的付出。爸爸，在我們的人生，我們要讓自己像俄羅斯娃娃一樣，心胸要不斷的變大，可以容納更高層次的東西，但並不是否定過去的自己，因為那也是過去的努力才能成就今天的你。」

「什麼是俄羅斯娃娃？」爸爸問。

於是我打開手機，給他看俄羅斯娃娃的照片，跟他講解：「你看，每個娃娃長得都一樣，它是中空的，你把它想成最小的娃娃代表最基本的金錢生存需求，第二小的娃娃是性，第三是權利，第四層是信任，第五層是愛，像你對你的兄弟姊妹以及你所有身邊的朋友，你都是無條件的照顧他們，所以你其實是到了第五層境界了，你是很厲害的。」

「那還有更高境界嗎？」他聽得津津有味。

「其實有七層境界，但中間有一層我忘記了，因為我自己也還沒到那個境界，但我知道最高境界是 one，就是整體性。」

「那是什麼意思？」

這時我們走到皇居森林內的湖泊小橋上，我指著水中的魚跟爸爸說：「你看，這些魚看到我們都游過來了，張開口跟我們要食物。雖然我們不懂彼此的語言，但我們了解彼此，這就是one的整體性，就是我們跟周遭的生命以及非生命的事物都產生了連結，我們都是一體的。我們並沒有高下之分，我們是彼此循環的。」

我再舉一個例子：「像英文裡有一個單字叫EGO，是『自我』的意思，也可以翻譯成『自大』。」

「Eagle？Eagle不是老鷹嗎？」熱愛打高爾夫的爸爸打斷我。

「沒有啦，是E. G. O.發音跟老鷹一樣，但拼法跟意思不同，是自我中心的意思，現在新的思維是把EGO變成ECO，把G改成C。意思是，原本覺得人類是高於所有生物的思維，轉換成我們跟螞蟻、食蟻獸、魚仔、海膽都是循環的一部分。這樣一來，我們會尊重所有的一草一木，並且會努力保護地球，為下一代子孫鋪路。」

這時我們走到了一顆很大的神木前，我叫爸爸學我抱著樹，我們一起來感受它的靈性。感受我們跟它的連結。

「這樣抱樹很像小孩子耶。」爸爸笑著。

「對啊，我們要永遠保持探索的好奇心，去感受所有周遭事物跟我們的連結，我們要不斷訓練自己的覺知，這就是整體性，這也是我現在正在學的。」

「這也太難了吧？」

「不會啊，像爸爸你的觀察力很敏銳，你一定可以的，只是需要人來帶領。」

然後我們沿途就是慢下步調來，觀察開花的樹跟路邊的小花，跟大自然接觸，讓自己的心靜下來，這也是為什麼我連續三天早上都會刻意帶爸爸來皇居的森林散步，因為這會開啟我們的覺知。

回程路上，我看到爸爸偷喵了一下路邊一個妙齡女子，我立刻感知到他的好奇，於是我跟他說：「爸爸，你是不是覺得很奇怪，為什麼她上面穿那麼正式的套裝，下面卻穿跑步鞋？」

「對，你怎麼知道我正在納悶這件事。。」

「這就是覺察力，我看到你的眼神，又看到那個女生的穿著不搭，其實她手中有一個提袋裡面裝的是高跟鞋，只是她現在要上班走很遠的路，穿步鞋比較舒服。她一到上班的地方就會換高跟鞋了。」

「原來如此，哇，李昆霖你真的有進步，我每天跟你散步都有學習，所以你每天打坐也跟這個有關係。」

「對啊，打坐練習也是鍛練覺察的方法之一，但不是唯一的方法。像我們接近大自然就是很好的方法來沉澱自己，像我們也可以禱告，跟自己的內在對話也是一種方法。像用愛照顧動物也是，就連觀察自己的念頭升起也是啟動連結的方法之一。」

講到這裡，剛好經過一間很老的房子，他有感而發的說：「我懂你的意思了，像我以前看到這種老房子會覺得沒有價值，但這幾天你帶我去看藍瓶咖啡（blue bottle）的設計後，我現在就可以連結舊跟新東西結合的商業價值。」

「對啊，爸爸，這就是連結，這絕對是可以後天鍛練的，像你這樣就是得到了新的養分升級了。」

身為子女，在父母年邁時還能給予養分，我跟爸爸的晨間對話，對我們彼此都很有養分，真的是相互之間最大的福報。

婚姻的事實

我的老婆小啦肯定是我這輩子最愛的女人，也是我想要繼續一直走下去的伴侶，但我想要分享的是，就算是遇到了這麼棒的伴侶，生活中還是有很多千瘡百孔，我們也差點走上離婚這條路。

小啦是個很善良的媳婦，她過去十五年來真的很用心照顧我們全家人。但她同時也是很有主見的媳婦，當這麼有主見的女人也遇上同樣很有主見的婆婆時，所產出的火花是非常激烈的。

十五年前小啦剛嫁給我，那時我媽要求嫁進來的媳婦就是要扶持老公的漫畫店事業，當年小啦只有領她家族公司一個月三萬元的薪水，所以我媽就叫小啦放棄她家裡面膜的事業，說她會給的錢比三萬還多，要小啦一起跟老公經營漫畫店。

因為小啦太喜歡她自己做的事情，她很直接的拒絕了我媽，並且說：「我不稀罕你們李家的錢。」

我媽氣到完全不跟小啦說話，而我夾在中間一點也不容易，那時才結婚一年，Savi 才剛出生，我的媽媽跟我的老婆意見不同，小啦她不想要生活過得這麼痛苦，她已經簽好離婚協議書了。但我一直不肯簽，最後我決定支持老婆去做她喜歡的事，而不是強迫她跟我一直顧著漫畫店，因為漫畫店是我的夢想，不是她的。

而我的媽媽在當年也做了一件有智慧的事，她自己搬回去澳洲住，給我們新婚夫妻跟婆媳彼此一點空間。

在懷了第二胎 Anna 時，小啦一直還是努力在工作，導致懷第二胎時一直在出血。為了安胎，我強迫小啦休息，全家去澳洲找我媽媽，於是婆媳關係就好了很多。

所以當年只要一個念頭做了不同的決定，現在就不會有 Anna，也不會日後創業了提提研。

如今 Savi 十五歲，Anna 十三歲，提提研六歲，回想起這幾年要同時養育小孩跟養育品牌，都要很用心的給大量不同的養分，他們才會長出自己的樣貌。

我想分享多一點夫妻經營的辛苦過程，希望也能給其他正在歷經這些過程的中年朋友堅持下去的養分。

二〇二〇年底的冬天，當時我已經練習了一年的內觀，那次是我第二次進六龜的內觀中心進行十日內觀，順便帶著爸爸去體驗他的第一次十日內觀，等於是只留下我老婆小啦來照顧我媽整整十天。

當時我媽的身體狀況是，每天只能睡頂多二個多小時就會膽汁逆流（因為十幾年前得了胃癌，胃被全切除而造成）。長年失眠的她覺得人生沒有意義，每天都得吃很多的藥才能入睡。媽媽曾笑說，她曾嘗試吃三十幾顆的安眠藥也不會死，因為她沒有胃，無法吸收。

為了媽媽好，小啦當時帶媽媽去榮總看醫生，醫生也給了明確的方法，教她們如何一起漸漸的減少藥物使用量。

平常爸爸總是會疼惜媽媽失眠的辛苦而放任讓媽媽藥物吃到飽，這次難得爸爸不在，為了媽媽的健康，小啦下定決心要來好好控管媽媽藥物的使用量。

小啦跟我媽在很多方面是個性很像的女人，她們都有堅定的意志力，很有主見，不會輕易妥協。所以當我媽發現她的藥全都被我老婆控制時，一輩子從不被任何人控制的她，就完全失控爆發了。她打電話進內觀中心要找他的老公。

爸爸當時內觀第五天，收到媽媽的緊急電話要他立刻回家，媽媽說她受不了了，她無法跟小啦住同一間屋子。

我發現爸爸在第五天離開了內觀中心，當時替他覺得可惜，無法完成十日課程，我當時並不知道背後的原因（因為在內觀中心學員是無法彼此說話的）。於是我還是認真內觀打坐滿十天才離開回家。一回到家就看到憤怒的媽媽說要召開家庭會議，她指責她的媳婦是多麼的不孝，當場講了很多很重的話。

我聽了來龍去脈跟雙方的說法，心中很清楚是非。對於媽媽的失控指責，我沒有任何的針鋒相對，我冷靜的跟她說：「媽媽，我想讓妳知道，人家罵我們的話，就像是送禮一樣，我們可以選擇不收禮物。所以今天你這個禮物我們選擇不收，但我們還是很愛妳。」

媽媽聽到我講這句話，她完全傻眼，她罵不下去了。

我很清楚，媽媽她正歷經很辛苦的階段，這時候反而要給她空間。她需要自己的空間去轉化。

很多人以為小啦嫁得很好，其實要跟我那很有主見的媽媽相處並不容易。同時小啦又熱愛她的工作，要同時做到照顧公婆、照顧小孩，並且照顧到事業，以及還要照顧到原生家庭的請求，其實是承受很大的壓力跟掙扎。

很神奇的是，在我媽生命的最後二年，她最信任的人竟然是小啦，她幾乎每天早上都會走到我們房間，一屁股坐上床找小啦訴苦，小啦也都會耐心傾聽。

而在我們全家很有愛的陪伴之下，媽媽在她生命的最後階段，轉化成一個很慈悲的老人家才離開，放下了很多過去的怨恨。她是完全沒有遺憾離開的。

陪伴我媽漸漸老去跟死亡的過程，我的二個孩子都一起跟我們夫妻經歷過，這些掙扎煎熬的過程，是我覺得最難得的養分。所以有次在車上我們全家在回憶阿嬤的生前事蹟時，女兒 Anna 問我，選老公是不是要選像我這樣會挺老婆的？

我給她的答案是，並不是老婆跟媽媽二選一，其實是要選會理智判斷的。

預見晚年危機，了解如何跟自己連結

我一直認為自己的父母是成功的範本，是值得我去學習的，但我卻從我父母親身上看到了自己晚年可能面對的危機。

我的爸媽是個非常成功的生意人，夫妻一起白手起家創業，在未滿四十歲就已經累積足夠資本，提早退休全家移民去澳洲，並且讓我跟妹妹獲得了很好的教育。在大家的眼中，說他們夫妻是「人生勝利組」，但在我的眼中，我看到他們的晚年過得很辛苦，這個辛苦並不是財富物質上的匱乏，而是心靈上的辛苦。他們在年輕時承受過太多的苦難，在充滿壓力的情況下做生意，也賠上了健康，他們壓抑了許多痛苦的情緒在心的底層，從沒有好好檢視自己心的習性反應是否可以修正，讓自己有更健康穩定的內在。

我爸媽都是執行力很強的人，這樣的個性說好聽是決策有迫力，很果斷，不拖泥帶水。但同樣個性的反義詞是閒不下來，總是要把時間安排得滿滿的，不能有任何浪費。

我的爸媽實踐了「人定勝天」，爸媽的人生故事很正能量，它並沒有不好，只是少了時間去照顧內在的需求。那個內在的需求並不是說要過很好的生活，而是人的穩定感，知道自己在幹什麼。他們的勤奮特質讓他們在年輕做生意時期獲得了成功，但到了晚年，已退休沒有生意可做時，孩子們也都成家立業了，「然後呢？」他們問自己下一個挑戰是什麼，他們開始感到不安。

他們達到的目標是外在的成就，然後呢？

他們覺得空虛落寞，覺得生命沒有活下去的意義。

在我成功的父母親身上，我看到他們當了一輩子的好人，完成了外在成功的目標，同時又那麼會教育子女。可是也看到他們在達到目標之後，在中年晚年之後，有一種落寞感，我不知道那個落寞是怎麼來的。

在我的人生上半場，也是如此外顯的成功，可是有時我內心也很空虛。而我在走到四十六歲的時候，終於找到答案了，也因為有這樣子的歷程，我才發現人生是可以有另一種版本。

我也在他們身上看到我未來可能會遇到的晚年危機。我傳承到我父母的一些良好特質，像是勤奮精進，有精明的頭腦，做事快狠準不浪費時間，但同時也對執行力緩慢的人事物沒有耐心，如要等待就會容易感到焦躁。

對養兒育女也是，我也是沿用了我媽那套「虎媽」的教育方式，強壓在我的小孩身上，因為那曾經對我有效，栽培出我這樣「對社會有用的人」。

人如果變老了，看事情的觀點卻跟年輕時期一樣沒有改變的話，日子會過得很辛苦。因為我們舊有的個性會讓我們看事情的角度有所局限。

我在我的中年之旅，藉由內觀的修行以及接觸到薩提爾，讓我了解如何跟自己連結，我慢慢改善自己舊有的習性。同時我也開始梳理中年之前可以捨棄的東西是什麼，又或是要留下什麼？並且培養自己的第二個人格特質，不一樣的人格特質，一個更有「存在感 being」的人。

Being 不是對誰更溫柔，而是更同在。所謂的成為自己，並不是像年輕時那樣的刷存在感，不是那個「全世界都擋不住的李昆霖」。我發現我自己不必用中年之前那驕傲自大的個性來武裝自己，被社會認為是個成功人士。我發現自己可以去學會付出，可以去學會關懷，可以更有慈悲心跟他人同在，而不必感到不好意思。

這並不是代表要全盤否定中年之前過去的那個自己，其實那個人格特質只要我想要呼喚，隨時都能叫得出來，只是我覺得現在的我不再需要以前那麼酷的李昆霖。

因為人生的下半場是完全不同的局，體力不再如以往勇健，外表也不再美貌，社會的運作方式也漸漸不再是我以前習慣的觀點。所以我必須學會客觀，學習用新的觀點去觀察事物，學會接受自己的實相，學會讓自己的焦慮少一點，然後用更有智慧的方式去過生活，並且用智慧跟熱情去找出下半輩子的任務。像我找到自己下半輩子的熱情就是打造出好的企業文化，做出好的榜樣，可以教育更多人去做品牌。反而都跟賺錢沒有太直接關係。

薩提爾有一個著名的冰山理論，他說每一個人都像是一座冰山一樣，我們所看到的都只是冰山表層的習性反應，其實在水面底下看不到的還有生為一個人真正的渴望，他的自我價值。

而媽媽的離去給了我很大的震憾，她讓我體驗到「有限」，媽媽生前一直提醒我，如果有能力的話，要對社會有所貢獻。於是我開始，想要多問一個問題（除了好玩，除了挑戰，除了學習），我能不能也有貢獻？

我看待一切事物的觀點不同了，思考層次也會不同，這會讓我生氣的事情也會變得比較少了。

轉化後的我，一樣是企業家，以前是只要符合法規就好。現在的我，希望不只是合格就好，而是想要看看能不能對社會有所貢獻。

而這種做好事的思維也延伸到我的事業。

越往內走，我就越覺得身為一個人的最大的超能力就是裡外一致，我一直對外說做保養品的品牌要很在乎美學，同時也要很在乎研發，所以我一定要做到心口一致。研發雖然是祕密，但我們卻想把心血跟大家分享，於是我們的研發中心也變成透明、內外一致的美學空間，因為這樣才能真正展示出我們所重視的價值。我同時是企業家，也擁有了往內走的心境，其實這更幫助我在企業上的決策，更加篤定的力量，幫助我思考商業模式的改變方式跟以往不一樣了。

我開始在乎氣候災難以及未來經濟的方向，我們申請了 RE100 百分之百再生能源的使用，而且要在十年內做到，這是一件不容易的事，但我相信，做為一個典

會其他人，才能讓台灣被世界看見。

做這件事是自討苦吃，它不是靠大腦的算計，也不是靠力量去活下來，而是發自內心想要對這個世界做好事。這時我才發現，跟世界交往的已經不是用武器了，而是心。

什麼是你生命中最重要的事

以前我絕對不會做的事情是讓自己空閒下來，我會把自己塞得滿滿的，身上背負了大量的武器。以前我是個課表魔人，不只是對我自己，也把孩子們的行程都塞得滿滿的，還以為這才是成功方程式。

以前的我，會用我媽教養我的方式教養我的小孩，但自從我接觸了薩提爾之後，我記起小時候辛苦的自己。現在的我希望自己能當個更有彈性的父親。於是我從一個被大家嘲笑我是課表魔人，變成願意主動給孩子請假四十天的爸爸。我帶著我兒子去徒步環島，不只療癒了兒子，其實是療癒了小時候的自己。現在的我更柔軟了，也對孩子們更柔軟了，我們一起度過父子最棒的時光。

現在的我，自從打開心之後，開始不用望子成龍的心態教育小孩，只希望他快樂就好。我們雖然最後沒有徒步環島成功，但我們父子每天有大量的對話，他反而因為心也打開了，回到學校後竟然功課變得更好了，對自己更負責了。

我給了他空間，有了空間就有了彈性，但重點是，他更開心了，這才是最重要的。

其實這一路以來，我要感謝自己從一而終的願意，我有勇氣去面向自己的黑暗，我有勇氣去面對我沒有認識的自己，因為我願意突破框架。以前我都是用好玩的心情去經驗，但現在的我會問自己能否有貢獻。每個人都可以用不同方法去沉靜下來，去思考什麼是最重要的。

如果可以總結我的轉變的話：我從想做好玩的事情，變成想做好的事；我從用盡力氣去生存，變成全然覺知去感受。

現在的我學會把力氣放掉，把武器放下。我覺知到此刻的生命是什麼樣的狀態，轉換之後，我發現要卸下武裝，而不是背負武裝。

Self-care 不只是放鬆，而是「有意識想要改善身心狀態的持續性行動」。

以前的我對自己要求很嚴格，對身邊的人也要求很嚴格。現在的我變得更柔軟，想要給予他人更多，也更開放自己跟他人連結。如果我有一些什麼禮物可以送給大家的話，那就是給自己機會停下來，想想什麼是你生命中最重要的事。

以及**請你請你一定要愛一個人，那就是你自己。請好好陪伴自己，幫助自己找到路，不管你是透過什麼方式**。

這是我們夫妻的個人教練 Jane 常常鼓勵我們的話，永遠不要霸凌過去的自己，要放過自己，這段很有智慧的話，我想分享給大家：

All is good. 一切都會好的。
All is possible. 一切都是可能的。
Future is open. 未來是開放的。
Past is approved. 過去是被認可的。
You are accepted. 你是被接納的。

番外／幫助自己找到路

每個人都曾經有過夢想，夢想著自己的生活如果按照計畫進行的話會是多麼的美好。

人生的每個階段都會有不同的樣貌。年少輕狂的我經營台灣加油隊，凝聚的是熱血。三十歲的我經營 BOOKING 書店，圓的是一股浪漫情懷。然後我經營了提提研，證明台灣品牌也能攻占世界最頂尖的通路。四十歲蓋了佐研院之後，我們不只開始學習綠色永續製造，同時我們還從國際客戶身上得到最新的市場趨勢。

我走到了中年，很幸運的遇到了史上難得一見的大疫情。是的，我覺得在這個時刻身為老闆是一件很幸運的事，因為挺過了考驗之後，就會成為很棒的養分。

我是個一直不斷保持好奇心在學習新事物的人，每次遇上了生命的亂流，我很好奇自己的身心靈在遇到這麼大的壓力之下會變得如何？所以我把自己的身體當成實驗品，每天都會觀察自己的焦慮。我會感到自己的肩膀緊繃，胸口卡卡的，肚子悶悶的，大腿後側會緊縮，喉嚨因為開會講太多話而感到燒燒的，因為用腦過多於是整顆頭感到漲漲的，眼睛因為視訊過多而感到爆炸感，眼睛後方的漲痛甚至會導致頭痛，腦中有大量的問題跟解決方案等著我下決策，於是半夜明明很累了但怎麼樣也無法入睡。

以上這是我的身體給我的回饋，其實壓力跟焦慮能具體浮現出來是好事，只要它有具體的浮現出來，我們就可以觀察它，並且處理它。

面對亂流，人會感覺到有一些不舒服有一點緊張感是正常的。

我觀察到周遭很多朋友感到焦慮，所以我想要把自己如何面對亂流的方法跟大家分享，我的引導師 Jane 帶領我找到出路的方法：寫出自己的使用說明書。

「自己的使用說明書」

我會刻意創造出説真話的環境，跟信任的朋友或伴侶交流心中的焦慮，讓自己處在放鬆的狀態，生命中的盲點會自己敲門，路會找到你，而不必自己找答案。因為答案很輕，所以要很放鬆的狀態，給自己空間，才能感受到路。

當我心裡覺得奇怪時，我會把感受説出來。要先照顧好自己的感受，才能照顧好自己。當你有了情感的流動，心中卡關的地方也能藉由嘴巴説出來，此時壓力也會具體的浮現出來，只要它有具體的浮現出來，就可以觀察它，然後處理它。以下這個真實對話的故事是我跟好友王宇佐的對話。

「請你花十五分鐘寫自己的人生故事，你的人生經歷了哪些里程碑才能使你成為現在的你。」我在墨爾本的咖啡廳跟我的好友王宇佐説，這個練習叫做 Story of me。

他並不習慣這個練習，想了很久才開始動筆（可能是里程碑太多?），但我看他很認真投入，我也在旁靜靜的等待，跟他同在。

半小時後他才寫完，我請他唸出來：「我在沙烏地阿拉伯出生，我家有四個人，我的媽媽想要當個好媽媽，我有一個姊姊，我的爸爸對我很嚴格，從七歲就開始訓練我打球，但因為太嚴格了，所以當我十八歲成年之後我就想要離開家裡。我這輩子一直都在打網球，也只知道打球，所以當我三年前從職業選手開始轉成教練教球時，我並不知道這是不是我想要的。我現在不太知道自己每天的動力在哪裡？」

我很訝異他自己完全沒有提到他曾經是台灣最年輕的球王，或是台灣唯二能打進四大滿貫的排名百大選手等英雄事蹟，反而是很深層的在探討自己內在的渴望。我很感動他對我如此的信任。

聽到他挖內心挖得這麼深，我聽了後感到很深的共鳴。所以我跟他講我自己的故事：「那時是二〇〇八年，我已經拿到化工博士證書四年了，剛結束第一個失敗的創業（亞蝕軟體），在失業中的同時迎接第一個孩子的到來。其實我的內心是徬徨的，我並不知道自己人生的下一步是什麼，也不知道自己接下來該如何養家餬口。我同時也向中山大學送出履歷，希望可以去那邊教書，但沒有被錄取。感覺自己過去讀博士的學歷好像是多餘的。當時我每天就只是遛狗、養獨角仙跟變色龍，過著一種在外人看來很沒有產能的日子。當時內心的徬徨，其實現在都還歷歷在目（當時我就像導演李安那樣被老婆養，在此謝謝我老婆的眼光）。」

我特別把那時的心情分享給宇佐，現在看來很成功的人，都曾經歷一段不知道人生接下來要做什麼的徬徨時期。但只要保持著開放的心，準備迎接驚喜的心，我們都會被接納，一切都會是 ok 的。

在我那段徬徨的日子，在那樣遛狗、養變色龍、獨角仙跟陸龜的日子過了長達了一年多後，我心想既然申請大學教職一直沒有收到錄取通知，那再來試試創第二個事業吧！於是我就創辦了 BOOKING 漫畫店，那一直是我內心的夢想，沒想到又是另一個賠錢生意。

但現在 BOOKING 跟陸龜過了十四年後還是活得好好的，而且我現在依然還是很會養狗跟變色龍呢。

宇佐聽了我過去的那段徬徨的日子，好像有把我的人生養分也吸收進去。於是我開始問他第二個問題：

「如果要你說出五個你很有興趣的話題，會是什麼？」

我跟他分享我的五個讓我很有熱情的話題，分別是：「內觀」、「當背包客環遊世界」、「養變色龍」、「網球」、「有意識的，保持關心的，輕輕的培養全面的孩子」。

而他當下只回答四個：「親子關係」、「如何當個好兒子」、「如何當個好爸爸」、「如何當個好老公」。

竟然完全沒有跟網球有任何關係，明明那就是他的強項，我猜可能是他每天都在使用的工具，對他而言就像呼吸一樣平凡吧。我在當引導師的同時，不禁帶著好奇心看我面前這位好友。

然後我再給出第三題是：「請你寫出，你如何跟人互動？有壓力的時候，你的身體會出現什麼狀態？你會邀請身邊的人做什麼事來幫助你？」

為了讓宇佐更了解我的問題，我給他我自己的例子。

如果要找我，要提早跟我講。像我的 line 已經關掉通知，我讓自己很難立刻就被找到，這樣一來我才不會輕易被外界的大量資訊所干擾，我把自己使用手機的主控權跟節奏重新掌握在自己手上，大約二到三小時才會看一次手機。

我喜歡每次跟人的互動都會用 check in 來開始表達彼此的心情，讓彼此進入「人到心到」的境界。

我有壓力的時候，我脖子上的筋會浮現出來，這時我老婆會很有默契的摸我脖子上的筋，我就會平靜下來。

第四題：「請你寫出，你最重視的價值觀？當你跟他人有好的關係時，你會發現什麼特別的點？」

我自己的例子是：我重視的價值觀是時間管理，要先處理最重要的事。當我跟他人有好關係時，我會發現自己可以同理他人。

第五題：「請寫出，當我們不順時，哪一個句子可以幫助我們繼續走下去，哪一個問句可以打開和平跟可能性的路？」

像小啦發現我們不順時，她會問「所以我們現在在哪裡？」、「所以你真正想要問的問題是？」、「我們的到達點是什麼？」。

遇到生活的不順才會重新檢視自己的現況，我們可以把這些不順看成是開創新局面的機會。頭腦越早接受現況，心才能接受自己改變。我們的焦慮感來自於大腦無法預測未來，導致沒有安全感。當我們願意把到達點給定位出來，腦海裡就會有一個清晰的畫面，知道接下來的方向怎麼走，就會把壓力轉換成張力，成為夢想的推手。

最後一題是：「請寫下當你發現關係不順時，你能接受自己處在這樣的狀態多久？時間一到，你會做什麼來離開這個不順狀態？」

像我發現關係不順時，我給自己頂多二十四小時處在不順的狀態。時間一到，我會創造機會對談，並且開啟這樣的問句來離開這個不順狀態：「我有一個好奇，我能不能問？」或是問小啦：「我們一起去散步好不好。」

這時她就會很有默契的跟我一起去散步，不管她內心多麼不順或混亂，她都會答應跟我一起去散步。藉由散步跟自己的呼吸產生互動，再加上有意義的對話，我們會慢慢跟自己連結。

以上的方法跟問句是我用來探索自己的「李昆霖使用說明書」，我的引導師教練 Jane 會邀請我跟我太太一起各自寫出自己的使用說明書，然後再互相交換，才能更了解彼此的關係，知道在遇到亂流時能夠幫助自己，也幫助另一半來找到出路。

這在英文的引導世界被稱為「自己的使用藍圖」（Blueprint Of Me，BOM），其實跟 ERP 的語言裡 BOM 也有異曲同工之妙，你們也可以把它想成是 BOM（bill of material，物料組成）。

我想把這麼好的方法分享給大家，希望對你們在探索自己這條路上有所幫助，才能活出自己。這也是為什麼這幾年來我一直往內探索自己，如此才會明白自己的使命就是要做出能幫助他人照顧自己的產品。

Truth to life, truth to skincare.（真實面對自己人生，真誠對待保養品事業。）

（後話，我跟宇佐在咖啡聽進行了二個半小時如此深入的對話後，很明顯看到他表情變得輕鬆，因為只要跟自己的內在連結，就能找到創造力的來源，進而找到接下來的路。）

我的英雄之旅

在疫情期間，商周學院邀請我去當客座講師，請我分享我人生的逆境給學員們一些鼓勵。於是我分享了我當初面臨家族企業理念不同時的困境，以及在英雄之旅上，我特別連結到我岳父在我人生不同的階段所扮演的三種角色（引進門的導師，給我苦難折磨的對手，以及最後誘發出我慈悲心的老人家）。

我用「英雄之旅」（Joseph Campbell所說的）的概念畫了一張圖（如左頁）來說我的人生故事，說明英雄的歷程必然會歷經苦痛，而每次克服了苦痛就會像圖中跑完了一個迴圈，得到了救贖，成為更好版本的自己。

我很感謝商周學院，因為他們的講座安排了一個很有趣的橋段，給予了我心靈上的救贖。

在我講完二〇一七年面臨必須離開辛苦經營起來的品牌跟工廠的逆境的心路歷程後，主持人問學員們：「如果現在公司出現了內鬥，請問你們會跟著董事長派系，還是跟著女婿派離開？會跟著女婿派離開的請舉手。」

現場五十位學生，有大概三分之二的人舉手。於是主持人繼續問：「那會選董事長派的人請舉手。」沒想到只有三個人有勇氣舉手。我們訪問了其中一位，他是一個高階經理人，他很理性的說出他的原因：「因為我現在四十幾歲，我有家庭有小孩要養，我需要穩定的工作。」接著他說：「如果我再年輕個十歲，沒有家庭，那我會跟女婿一起去追求理想。」

聽到他說出原因，我滿心感動，因為正是他的這番話，讓我放下了過去幾年的罣礙，對於那些沒有跟著我們團隊一起撐過來的人。我認清那並不是軟弱，也不是

英雄旅程

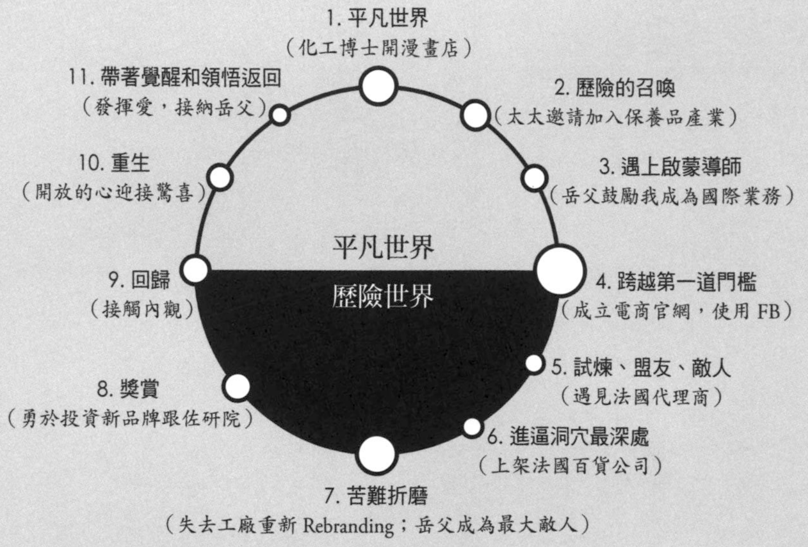

1. 平凡世界
（化工博士開漫畫店）
2. 歷險的召喚
（太太邀請加入保養品產業）
3. 遇上啟蒙導師
（岳父鼓勵我成為國際業務）
4. 跨越第一道門檻
（成立電商官網，使用 FB）
5. 試煉、盟友、敵人
（遇見法國代理商）
6. 進逼洞穴最深處
（上架法國百貨公司）
7. 苦難折磨
（失去工廠重新 Rebranding；岳父成為最大敵人）
8. 獎賞
（勇於投資新品牌跟佐研院）
9. 回歸
（接觸內觀）
10. 重生
（開放的心迎接驚喜）
11. 帶著覺醒和領悟返回
（發揮愛，接納岳父）
平凡世界
歷險世界

背叛，而只是對於人生規劃有不同的理念。

於是我放下了過去的怨懟，此刻我心中充滿光明。

至於那些願意跟著女婿走的理想派當中，有很多都是白髮蒼蒼的第一代創辦人，我看了覺得很有趣，原來老人家也是有滿滿的品牌夢。於是我提醒這些挺我的女婿派的人，我跟他們說，做品牌的失敗機率實在是太高太高了，我也是在過去失去工廠的那些年，才突然頓悟到，原來沒有自有工廠的話，品質的控管會是如此的辛苦，以及大量利潤都會被代工廠吃掉。

所以我勉勵現場的第二代接班人，提醒他們千萬不要看不起上一代給你的資源，千萬不要看不起代工，就算上一代給的資源再怎麼爛，但他們畢竟把零給變成了一。

我過去就是曾經把一成長為十，就驕傲自大覺得自己很了不起。沒想到，當自己要從零開始時，才發現這條路有多辛苦。所以過去幾年的低谷，讓我變得更謙卑，更尊重那些白手起家的前輩。

代工，就算利潤再怎麼低，每筆訂單都是穩定的現金流，而且才能提供足夠的奶水，讓二代的你去拚搏你的品牌夢。所以千萬不要看不起上一代的代工思維。我親眼看到很多第一代老人家聽到我這樣的肺腑之言，現場點頭如搗蒜。

我想，就是因為我真誠坦白的心聲，才能得到五十個學員們課後反饋的平均最高分四．九七分吧（最高是五分）。

後記

我以為我賣的是面膜，沒想到改變了我的人生

人生中的日子那麼多，大部分都被我們遺忘，只有少數幾天的日子會永遠刻印在我們腦海中，因為我們知道那是改變我們人生跑道的重要時刻。

我到現在還記得那天發生的每一個細節，二〇一七年二月的平日上午，當時讀國小一年級的女兒忘了帶功課去學校，於是我把她的功課背在身上，約了我們研發長宗佑跟我一起騎越野腳踏車上高雄壽山的林間道路，然後再用很刺激的方式騎下陡坡送功課到女兒學校，運動完再帶宗佑去吃日本料理。

這就是我當時的生活，很輕鬆愜意的能把工作跟生活結合在一起，當時我的生命是如此的順遂，覺得自己無所不能，想做的事情只要用心投入就一定能達成目

標。

鰻魚飯吃到一半時，手機聲響，是我老婆小啦打來的。我一接通電話就聽到她以氣急敗壞的口氣說，她爸爸跟她姊姊帶著律師進來公司，要我們交出公司的大小章。她問我在哪裡，看我能不能快點進公司。

我當下第一個反應並沒有很驚訝，心想這一天比想像中來得更快，終究還是到了正面交峰的日子了。

好吃的鰻魚飯我只吃到一半，我就急忙請宗佑用他的摩托車載我到公司，一路上還跟宗佑開著言不及意的玩笑，用來掩飾自己的心煩意躁。還叫宗佑機車不要騎太快，我安慰他，一切都在我們的掌握之中，彷彿也是在對自己信心喊話。

一到了公司，看到會議室裡已經坐滿了對方的大陣仗人馬，大家都在等我。我帶著微笑走進會議廳，大辣辣的一屁股坐在主位上，準備主持會議。這時，我老婆冷眼掃瞄我全身，對我說：「你拉鏈沒關。」

我原本想要營造的霸王氣氛，瞬間減少了一大半，但還是沒損對方帶來的殺戮之氣。

那天我們交出了大小章跟經營權，不拖泥帶水的離開了辛苦經營十多年的公司。

細節我不多說，我只能用「經營理念不同」這句話輕輕帶過，我們彼此發現下一步的版本不一樣。

我還記得那天下午，我獨自一人跑步到西子灣的防波堤，把自己捲縮起來，塞進情侶都會窩在一起的蘿蔔坑情人窟。我看著海上的夕陽，想到過去十年的努力就在短短一個下午變得一無所有，當下真的有想要跳下去的衝動。

我還記得當時的心情就像是電動玩具打到最後一關快接近破關了，結果卻突然停電，一切都要重新來過。你明知道怎麼走每一步，但也了解自己已經浪費了過去十年的青春。

當下，我很憤怒自己浪費了十年的青春跟家裡的錢，挽救了太太的家族企業，到頭來卻拱手讓人。自己內心黑暗的那一面也生出惡毒的想法，打算把彼此理念不同的真相跟細節說出來，讓對方完全做不了生意。

但我同時也有另一個正面的聲音鼓勵自己說，如果創業成功的接下來十步棋我都知道怎麼走的話。那就感謝老天爺給我這個機會，讓我把未來的每一步都走得更好。

過了七年後，再回首看這件事，現在的我可以很心平氣和的看待我人生最大的挫敗，那其實是上天給我最棒的禮物。我很感謝我內在的正面力量戰勝了黑暗力量。我很感謝我身邊所有的人，包括曾經的敵人，幫助我轉化為更好版本的自己，讓我走過一個很棒的中年之旅，剛好符合 Joseph Campbell 所說的英雄之旅。從事業的巔峰跌落谷底，至今又重新創造了自己的事業。這七年中間，歷經了我媽媽的離開，我開始感受到生命的「有限」，於是我們夫妻也漸漸修復了跟岳父的關係。我們現在會固定帶他去醫院看診，某次他在車上問我，有沒有失眠的問題？

「當然有啊，在疫情最辛苦的那幾年，有長達三年的時間我很擔心公司會周轉不靈，所以我天天失眠，每天都在思考如何活下去。我很慶幸我有學習內觀，幫助我度過當時最焦慮的時期。」我很真誠的回答岳父。

我接著說：「但很有趣的是，當我的事業從低谷慢慢爬上來，現金流開始越來越健康之後，我也就沒有失眠的問題了，現在的我可以每天一覺到天亮，我才發現，原來可以連續睡七到八小時真的是人生最幸福的事。」

這時岳父悠悠的說：「其實我這一輩子都在負債，所以這三十年來一直都睡不好。」

當我聽到他講這句話時，當下心中對他產生了完全的和解，我放下了最後一丁點對他的怨懟。因為我開始能同理他的痛苦，也能同理他當時做出的決定。

然後他說：「你幫我報名內觀吧，我也想體驗一下，給自己一個機會只跟自己相處。」

「好啊。」我開心的回答。

心想事成是每個人都能做到的超能力，只要你願意。

我曾經在首次去內觀時，在第十天裡浮現出這樣一個清晰的畫面——那就是岳父跟我的太太，他們父女一起去內觀禪修的美好畫面。當時我就下定決心想要讓這件事發生，當時我下山後一回家就立刻跟老婆說：「我們跟他們和好，好不好？」

當時我老婆對我很生氣，她無法接受我轉變這麼大。當時的她還沒有準備好要跟自己的原生家庭對話。

很巧的是，內觀後的半年，我岳父在街上遇到我在遛狗散步，他叫了我，他主動對我提起他很想念他的孫子孫女們，已經三年沒有見到他們了，他希望能見他們一面。我把他的請求看作是一個連結關係的機會點，於是安排了一場晚餐，讓大家有機會開啟連結。

我的孩子們一開始覺得很錯愕，他們甚至不願意叫他一聲「爺爺」，因為他們都還記得當時所受的傷害。我自己有時也會覺得自己是否精神錯亂，前幾年還在法院互告的仇人，卻可以像是什麼都沒發生過的樣子一起吃飯。我偶爾也會不知道自己該用什麼樣的心情面對他。

我很感謝我在人生最低潮時接觸了薩提爾的推手李崇建老師，我在podcast節目訪談他時，他提到他的胖阿姨曾經帶給他如此大的傷痛，甚至還帶走了阿建老師的媽媽。而阿建老師卻能在晚年買了房子照顧好媽媽跟胖阿姨。我當時在節目中問阿建老師是如何做到的。

「我知道我不愛她，但我知道我可以照顧她。」阿建老師這句話給當時的我非常大的觸動跟啟發。如果已經知道身邊有認識的人可以達到這樣的境界，我也會想要嘗試自己也去達到那樣的境界。

我們現在不只固定跟岳父一起吃飯，我甚至還會對他開玩笑，謝謝他過去給我這麼大的苦痛養分，謝謝他給了我這樣的體驗，讓我度過了一個很難忘的中年之旅，也因此強迫我檢視自己，轉變為更慈悲更善良版本的自己。

現在反而是岳父很喜歡主動找我們夫妻一起吃飯聊天，因為我們真心的關懷能讓他感到輕鬆。有趣的是，他現在還是有品牌夢，甚至還會找我們討論如何開發新產品，而我們夫妻也願意幫他這個「競品對手」（笑），給他一些意見。

我想分享的是，就算是曾經彼此有衝突的地方，也是有找到出路的可能性。

那個曾經讓你感受到磨難的，可能是要帶領你走向光的人。會讓你蛻變的，可能是要把你骨頭折斷的人。沒有折斷，你就不會成長。如果只是平順的成長，就不太會有突破。在路上無意之間打斷你骨頭的人，可能是會讓你成為更強壯的人。

這個世界總是太習慣用二元對立去看待事情，我想分享我跟岳父之間的故事，是因為二元對立的中間其實是可以找到空間跟彈性，那會更有力量。我知道現在的我已經不恨他了，但我也不至於到愛他的境界，但我知道我可以照顧他。在介於愛跟恨的中間，我找到了一個有彈性的空間，是我可以同理他。

現在我看岳父，就只是個老人家，願意放下過去，想跟自己的女兒連結，我願意陪伴這個老人家，只希望他可以快樂。如果我身上有什麼資源可以支持的話，我很願意給予支持。並不是帶著我要跟他和解的目的性，我純粹就是如實的跟他互動，感受我可以給他什麼東西，我就會感到快樂。

現在的我四十六歲了，我練習活出自己。很多人說我不像（以前的）我了，但走過人生的一半，我真正感覺到自己了。

我開始去實踐跟自己在一起，以及自己想追尋的到底是什麼，或者我根本就沒有任何追尋，當內在感到平靜的時候，那個境界就是一種追尋。

很多時候，我們會認為追尋是「我要成為一個成功的企業家／科學家／好媳婦……」，同時很多時候，我們也不想成為什麼，我們就只是想成為自己，我們做什麼都可以。

其實成為自己就是最重要的事情，因為我自己會知道我是很好的存在，我會是喜悅的。我們就不必刻意去完成一個身分，完成一個業績。

當我不再像自己時，我終於活出自己。

這本書希望跟大家分享我的中年之旅；分享我的成長、創業歷程、親子關係的轉變；分享我如何從困境走出來，達到內在的平靜。

先照顧好自己，才能照顧他人。

希望讀者看了之後，能在你的生命中有一點啟發，幫助你活出自己。

感謝

我的力量來自於我所擁有的幸福，所以我想把這本書獻給我的爸爸媽媽，謝謝你們辛苦了大半輩子給予我如此用心的栽培。也謝謝我的妹妹 Emily 陪我度過了一個有愛的童年，我們兄妹倆運氣都很好，才能在父母愛的保護傘之下成長為完整的大人。

同時獻給我的太太小啦，謝謝妳容忍我過去的驕傲自大，妳真的是 EQ 很高。謝謝你的內外一致跟善良，總是鞭策我不要落入一般商人的思維，要求我對社會有貢獻。謝謝你跟我一起成長，讓我在個人成長這條路上不孤單。

我的熱情來自於我想把幸福傳承給更多人，所以我也想把這本書獻給我最愛的兒子 Savi，跟我最愛的女兒 Anna，爸爸這幾年的轉變有點太大，讓你們有時難以適應，我知道自己變得沒有那麼的酷了，但希望我有變成更好的人。

謝謝傳授我內觀的葛印卡老師，雖然我沒能有機會親眼見到您，但每天聽著您的唱頌陪伴著我內觀修行，彷彿跟您已經很熟的樣子。

媽媽，我一直都有想到你，尤其是在寫這本書的過程，讓我重新溫習你的智慧、恐懼跟渴望。你傳承太多好的價值觀給我，這些是我想要分享給更多人的。對你的思念讓我覺得你從未曾離開過我們。

爸爸，我很幸運可以成為你的兒子，我一直從你身上獲得很多做人處事的養分，所以我希望可以藉由這本書跟更多人分享你的智慧。

人終會離開這個世界，但只要這世界上對這個人還有回憶，代表他永遠都在。我想讓我的家人知道，我對你們的愛，是永遠一直存在的。只要你們對我也有愛的回憶，那我也永遠都會在。

謝謝我生命中的貴人們給我許多的養分，總是從跟你們的對話中得到了養分跟方向。仙姑 Martida，我終有一天一定會追上妳的靈性。我的 Podcast 好夥伴一折，你讓我學到了高 EQ。你們夫妻也讓我們夫妻看到了真正的善良跟如何好好生活。

謝謝 Jane，我們夫妻的導師，妳是我們晚年生活的榜樣。謝謝美智妳介紹我內觀這麼好的方法。

謝謝安永台南所的胡會計師，在逆境時教會我理性判斷。

謝謝海碩 OEC 集團的韓董，Vannie 娟姊，Jonathan & Chrystal，在我們最艱苦時刻幫助我們。

還有謝謝一路走來還是我們夫妻的親朋好友們，我們生性比較孤僻，謝謝你們的容忍。

謝謝城邦出版集團麥田出版社的編輯秀梅，有你才會有這本書的存在。

最大的感謝，我要給一路以來支持我們的鐵粉們，是你們的相挺，給予我們公司足夠的養分走到現在。

我把感言寫得很像是最後的遺言，那是因為我不知道還會不會有機會出版下一本書，所以要把握這次的機會。

祝大家快樂，祝大家安詳，得到真正的解脫，真正的解脫，真正的解脫。

Be happy, be peaceful, be liberated, be liberated, be liberated.

李昆霖（二〇二三年十二月十五日）

位於台灣的保養品最高殿堂佐研院 Jolab，是台灣第八個加入 RE100 的企業。RE100 意旨「100%再生能源」，是由氣候組織及碳揭露計畫所提出的國際再生能源倡議，我們承諾在二〇三〇年達到 100% 再生能源使用。

佐研院內部的研發中心，確保產品不只是安全，更一定要有效，並且同時往永續這條路上持續努力。大部人都把研發當作是機密心血保護著，但我們卻想把心血公開分享給大家。

漫畫店如今已成為保育類，我們努力讓它不被消失；全台最美的漫畫書店在高雄鹽埕區，它的名字是 BOOKING。只要喝杯咖啡，就可以看一整天的書。是為了重溫我們母子年輕時天天去書局看書的時光。

十幾年前首次踏入保養品產業時，第一次去巴黎的精品百貨公司，那時內心想像著：「要是有一天我們品牌上架法國百貨公司通路時，我一定要在法國百貨公司敷面膜，那就代表我成功征服了法國。」於是我就帶著這樣想像的畫面去升級配方，挑戰最高難度的歐盟法規。當我們提提研二〇一四年真的上架在 LVMH 集團旗下，位於巴黎左岸的 Le Bon Marché 貴婦百貨時，我真的飛到巴黎的百貨公司去敷面膜還願。想像成功的畫面，並且去創造它（Create by Declare) 是真的可以幫助你成為自己。

疫情第一年面臨營收腰斬身心俱疲，同時兒子也在學校過得不開心。於是我主動給自己跟兒子請假四十天，挑戰徒步環島，最後停留在都蘭，成為我們父子記憶中最棒的旅程。最後連老婆、女兒都加入了。

我女兒跟我處心積慮終於認養到退休導盲犬 Anca，最後成為了我媽的金孫。牠讓我媽的臉上綻放出笑容。

從頭到尾因為護目鏡而把面膜綁得好好的額頭區，降落到地面後跟臉部其他部位已經有色差，這可以很明顯看出生物纖維面膜的瞬間保養效果。

這個前無古人後無來者的敷面膜跳傘話題性太強，又創下網站瞬間流量爆炸的紀錄，不只創下生物纖維面膜系列的業績新高，隔天立刻賣到缺貨，就連我也沒有預料自己這一跳竟然跳出這麼高的業績。大家都想要這款可以跳傘亮白的面膜。

中年遇到亂流，在瞬間失去一切的當下，我跑去西子灣防波堤，有一股想跳下去的衝動。很慶幸自己當下沒有放棄，給自己一個重新開始的機會。

遇到亂流，瞬間失去一切的當下，我反而帶團隊一起去山中野外求生，讓自己從苦痛中抽離。沒想到野外求生最後變成了淨山童子軍，一口啤酒都沒喝到，卻背了大量的空罐下山。

六龜內觀中心的大禪堂，學員們每天在這從早上四點半打坐內觀到晚上九點半，修練覺察力跟平等心（照片提供：內觀中心）。我每年都會固定給自己安排十二天的假期，來內觀中心給自己進行一場深層內在的 spa 洗滌放鬆之旅，讓自己的狀態更輕鬆。

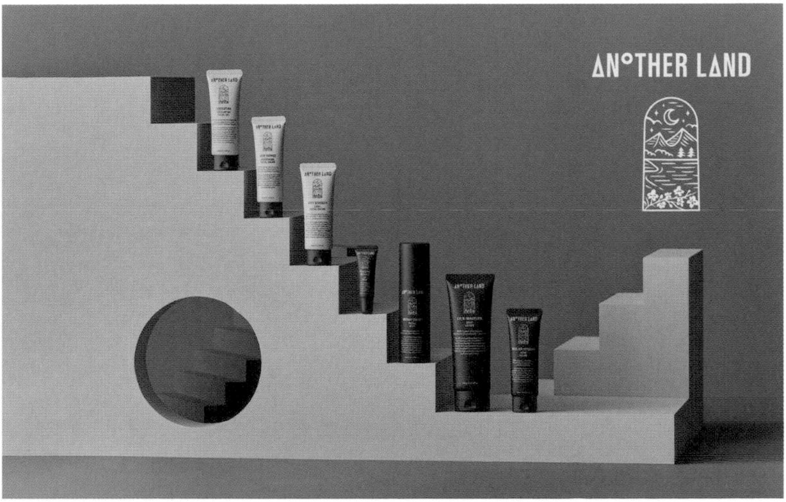

跟新加坡 BLACK 團隊合作的品牌 ANOTHER LAND，把現實變得超現實。現實的世界有太多考驗與變動，於是我們努力把「現實」變得「超現實」。透過 ANOTHER LAND 這扇任意門，你將通往一個更簡單、更美好、更愉悅的全方位保養體驗。

麥田航區19

當我不再像自己時，我終於活出自己

作　　　者　李昆霖
責 任 編 輯　林秀梅

版　　　權　吳玲緯　楊　靜
行　　　銷　闕志勳　吳宇軒　余一霞
業　　　務　李再星　李振東　陳美燕
副 總 編 輯　林秀梅
編 輯 總 監　劉麗真
事業群總經理　謝至平
發 行 人　何飛鵬

出　　　版　麥田出版
台北市南港區昆陽街16號4樓
電話：886-2-25000888　傳真：886-2-25001951
發　　　行　英屬蓋曼群島商家庭傳媒股份有限公司城邦分公司
台北市南港區昆陽街16號8樓
客服專線：02-25007718；25007719
24小時傳真專線：02-25001990；25001991
服務時間：週一至週五上午09:30-12:00；下午13:30-17:00
劃撥帳號：19863813　戶名：書虫股份有限公司
讀者服務信箱：service@readingclub.com.tw
城邦網址：http://www.cite.com.tw
麥田部落格：http://ryefield.pixnet.net/blog
麥田出版Facebook：https://www.facebook.com/RyeField.Cite/
香 港 發 行 所　城邦（香港）出版集團有限公司
香港九龍九龍城土瓜灣道86號順聯工業大廈6樓A室
電話：852-25086231　傳真：852-25789337
電子信箱：hkcite@biznetvigator.com
馬 新 發 行 所　城邦（馬新）出版集團
Cite（M）Sdn. Bhd.（458372U）
41, Jalan Radin Anum, Bandar Baru Seri Petaling,
57000 Kuala Lumpur, Malaysia.
電話：+6(03)-90563833　傳真：+6(03)-90576622
電子信箱：services@cite.my

設　　　計　謝佳穎
排　　　版　宸遠彩藝工作室
印　　　刷　沐春行銷創意有限公司
初 版 一 刷　2024年1月31日
初 版 五 刷　2024年6月6日
定　　　價　400元
I S B N　9786263105973
9786263105966（EPUB）

＊本書部分文字發表於《天下雜誌》。

國家圖書館出版品預行編目資料

當我不再像自己時,我終於活出自己/李昆霖著.
-- 初版. -- 臺北市 : 麥田出版, 城邦文化事業股份有限公司出版 : 英屬蓋曼群島商家庭傳媒股份有限公司城邦分公司發行, 2024.01
面；　公分. --（麥田航區 ; 19）

ISBN 978-626-310-597-3（平裝）

1. CST: 李昆霖　2. CST: 自傳

783.3886　　112019824